基本テキスト

弁理士試験

# ELEMENTS
エレメンツ

第10版

## 3

条約
不正競争防止法
著作権法

TAC弁理士講座 編

早稲田経営出版
TAC PUBLISHING Group

## 本書における法令基準日

　本書は、令和4年4月19日現在の施行法令および令和4年4月19日現在において令和5年6月2日までに施行される法令に基づいて執筆されています。

# は じ め に

　本書は、弁理士試験の受験を考えている人、勉強を始めたばかりで何をどうしてよいのか分からない受験生を主な対象として構成しました。本試験で問われる本当に必要な要点を、分かりやすく説明しています。

　勉強を始めると、あまりにも広い試験範囲に戸惑う受験生も少なくありません。どこから何を勉強してよいのか分からず、条文の順で勉強していく、片っ端から理由や経過を調べる等、無駄な作業をして時間をかけすぎてしまいがちです。まんべんなく丁寧に勉強をすることは大切なことですが、初心者の受験生は、まずはここだけおさえておかなければいけないという要点を学び、おおまかに全体を把握することが重要となります。そこから知識に肉付けしていくことで、着実にステップアップしていけるからです。

　本試験で問われる要点を確実に自分の知識としてしまえば、合格への道は近づいてくるものです。しかし、「では、一体よく試験で問われるところ、大切な要点はどこだろう」と一人で考え、首をかしげて時間を無駄に過ごすのは、もったいないことです。寸暇を惜しむ受験生にとって、本書は勉強する指針となるでしょう。

　また、何度か弁理士試験にチャレンジし、思うような結果が得られなかった受験生にも、知識の穴を埋めるつもりで、いま一度見直しを図ってもらいたいと思います。

　本書では、「資格の学校TAC」が長年培った勉強方法と知識を、存分に紹介しています。勉強しやすい順番で構成し、ちょっと頭の片隅にあるとよいだろうという理由や例、そして頭に入りやすいように図表も適宜使用しています。

　本書を手にした受験生が、弁理士試験に合格することを祈っています。


2022年5月吉日

TAC弁理士講座

# 本書の使い方

## ❶ 法令の全体像を掴む

　巻頭に、条約・不正競争防止法・著作権法の構成が全体として捉えられるよう、全体像を示しました。全体の関係・位置づけを頭に入れながら、節ごとに学んでいきましょう。どの時点で、何を行い、次に何を行うべきなのかが明確になるでしょう。

## ❷ 節ごとに、要点を掴む

　各節のはじめに、「学習到達目標」「目標到達までのチェックポイント」及び「他の項目（節）との関連性」をまとめて掲載しました。

学習到達目標

　把握すべき点や、理解しておかなくてはいけない点、説明できなくてはいけない点を挙げています。勉強を始める前に、注目すべきところを念頭におくことができ、注意深く先にすすめるでしょう。

★目標到達までのチェックポイント

　節で学ぶ箇所の重要なポイントを簡潔にまとめています。

▼他の項目（節）との関連性

　どの節と関連しているのかを明示しています。これにより、巻頭の全体像を具体的にみることができます。

## ❸ 節ごとに事例を掲載

　本文のはじめに「事例問題」、節末に「事例解答」を掲載しています。

　「事例問題」を通して、これから勉強する各節の問題の所在を具体的なシチュエーションとして捉えることができると共に、短答式試験や論文式試験で出題される事例形式に自然に慣れることができます。また、「事例解答」を参照することで、各節で学習した内容を具体的な事案に当てはめて問題を解決する一連のプロセスを確認することができます。

## ❹ 本試験突破のための重要ワードが一目瞭然

本文中の色文字は、重要ワードです。確実におさえるようにしましょう。

## ❺ 図表の多用

解説の内容をイメージしやすいように、まとめとして図表を使用しています。時系列の場合は、左から右に向かって進む時間軸となっています。これにより、視覚からのイメージで覚えやすくなっています。

## ❻ 条文を適宜掲載

色アミが引かれているものは、重要条文です。条文に書かれていることは、きっちりおさえていきましょう。

## ❼ 豊富な側注

本文に関連した情報を側注に掲載しました。言葉の定義や補足説明、判例、発展知識など、本文にプラスαされた知識として、試験には直接関連しなくとも、これらに目をとおすことにより、記憶を呼び起こすツールが増え、頭にも残りやすくなるでしょう。

## ❽ 節ごとの重要度を表示

各節のタイトルの横に、その節の重要度を3段階で表示しました。重要度が高いものから「★★★」「★★☆」「★☆☆」の順番となっています。学習のメリハリをつける際の目安としてください。

＜法律名略称一覧＞

不競：不正競争防止法　　著：著作権法　　特：特許法

実：実用新案法　　　　　意：意匠法　　　商：商標法　　民：民法

国願：特許協力条約に基づく国際出願等に関する法律

パリ：工業所有権の保護に関する 1883 年 3 月 20 日のパリ条約

PCT：1970 年 6 月 19 日にワシントンで作成された特許協力条約

PCT 規則：特許協力条約に基づく規則

議定書：標章の国際登録に関するマドリッド協定の 1989 年 6 月 27 日にマドリッドで採択された議定書

TRIPS：知的所有権の貿易関連の側面に関する協定

(5)

# 目　次

はじめに……………………………………………………………（3）

本書の使い方………………………………………………………（4）

第 5 章　条約の全体像 …………………………………………（8）

第 6 章　不正競争防止法の全体像 ……………………………（9）

第 7 章　著作権法の全体像 ……………………………………（10）

参考文献……………………………………………………………（11）

## 第5章　条　約

第 1 節　パリ条約の概要 …………………………………………… 2

第 2 節　PCT の概要 ………………………………………………60

第 3 節　マドリッド協定議定書の概要 …………………………86

第 4 節　TRIPS 協定の概要 ………………………………………98

第 5 節　ハーグ協定の概要 ……………………………………… 114

## 第6章　不正競争防止法

第 1 節　不正競争防止法の概要 ……………………………… 122

第 2 節　著名表示の冒用行為 ………………………………… 128

第 3 節　商品形態の模倣行為 ………………………………… 136

第 4 節　営業秘密に係る不正行為 …………………………… 140

第 5 節　限定提供データに係る不正行為 …………………… 150

第 6 節　技術的制限手段に対する不正行為 ………………… 160

第 7 節　ドメイン名に係る不正行為 ………………………… 166

第 8 節　その他の不正行為 …………………………………… 170

第 9 節　民事上の措置 ………………………………………… 176

第 10 節　条約上の禁止行為 …………………………………… 182

第 11 節　適用除外等 …………………………………………… 190

第 12 節　刑事上の措置 ………………………………………… 202

## 第7章　著作権法

第1節　著作権法の概要 …………………………………………………… 206

第2節　著作物 ……………………………………………………………… 210

第3節　著作者 ……………………………………………………………… 220

第4節　著作者人格権 ……………………………………………………… 226

第5節　著作財産権 ………………………………………………………… 234

第6節　著作権（財産権）が制限される場合 ………………………… 248

第7節　著作者の権利の発生 ……………………………………………… 262

第8節　著作者の権利の保護期間 ………………………………………… 268

第9節　著作隣接権 ………………………………………………………… 274


索　引………………………………………………………………………（ i ）

# 第5章　条約の全体像

※(1)、(2)、(3)……は第5章 条約の節を示します。なお、特とあるものは『エレメンツ1』第1章 特許法の節、意とあるものは『エレメンツ2』第3章 意匠法の節、商とあるものは『エレメンツ2』第4章 商標法の節を示します。

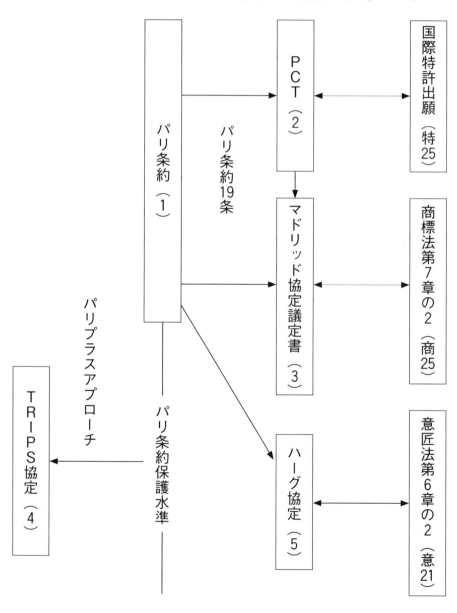

(8)

# 第6章 不正競争防止法の全体像

※(1)、(2)、(3)……は第6章 不正競争防止法の節を示します。

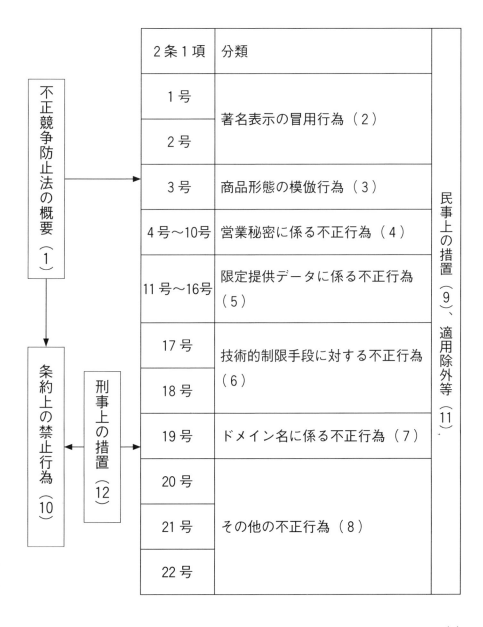

# 第7章 著作権法の全体像

※(1)、(2)、(3)……は第7章 著作権法の節を示します。

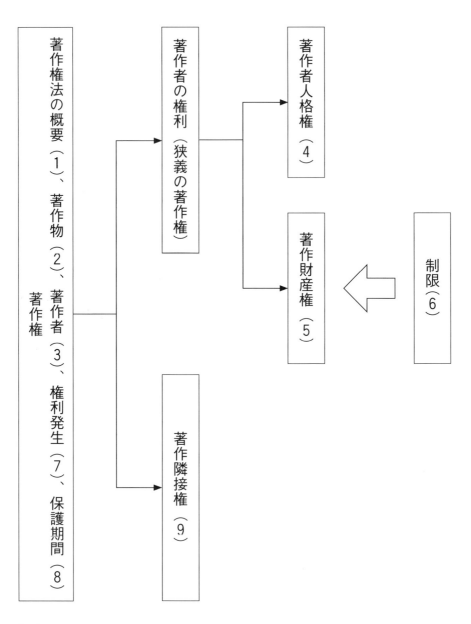

# 参 考 文 献

朝日奈宗太『外国特許制度概説』［第13版］（東洋法規出版・2010年）

青山紘一『不正競争防止法』［第6版］（法学書院・2010年）

著作権法令研究会『実務者のための著作権ハンドブック』［第9版］（著作権情報センター・2014年）

小野昌延編『新・注解 不正競争防止法』［第3版］（青林書院・2012年）

尾島明『逐条解説 TRIPS協定～WTO知的財産権協定のコメンタール～』［初版］（日本機械輸出組合・1999年）

『逐条解説不正競争防止法』令和元年7月1日施行版（経済産業省ホームページ）

田村善之『知的財産法』［第5版］（有斐閣・2010年）

田村善之『著作権法概説』［第2版］（有斐閣・2001年）

田村善之『商標法概説』［第2版］（有斐閣・2001年）

G.H.C.Bodenhausen『注解パリ条約』（AIPPI日本部会）

著作権テキスト　平成30年度（文化庁ホームページ）

著作権法の一部を改正する法律説明資料（令和3年）

著作権法及びプログラムの著作物に係る登録の特例に関する法律の一部を改正する法律案説明資料（文化庁・2020年）

加戸守行『著作権法逐条講義』［六訂新版］（著作権情報センター・2013年）

橋本良郎『特許関係条約』［第4版］（発明協会・2005年）

橋本良郎『特許協力条約逐条解説』［第8版］（発明協会・2000年）

後藤晴男『パリ条約講話　TRIPS協定の解説を含む』［第13版］（発明協会・2008年）

『2021年度知的財産権制度説明会 （初心者向け）テキスト』（特許庁）

『平成30年度知的財産権制度説明会 （実務者向け）テキスト』（特許庁）

金子宏ほか『法律学小辞典』［第4版］（有斐閣・2004年）

# 第 5 章

# 条　　約

## 第 1 節
# パリ条約の概要

重要度 ★★★

### 事例問題

複数の国に直接出願する場合、それぞれ出願方法や手続の言語が異なるため、同時に出願日を確保したい出願人にとっては、どのような制度を利用すると便利だろうか？　　　　　　　　　　　　　　　　　　⇒解答は59頁

### 学習到達目標

①パリ条約の概要を理解
②条文内容をすべて理解することが目標
③各規定と国内法との関係を把握

### ★　目標到達までのチェックポイント

☑条文の内容を理解したか。
☑各条文と国内法の関係を理解したか。

### ▼　他の項目との関連性

　特許法・実用新案法・意匠法・商標法・不正競争防止法と関連性がある。国内法を理解していないとパリ条約を理解できないので、国内法の規定を随時見直しておきたい。

# 1 概要

## (1) パリ条約（Paris Convention）の沿革等

　パリ条約とは、工業所有権（Industrial Property）の国際的保護を図ることを目的とした条約をいう。工業所有権の保護に関する基本条約である。工業所有権は、「産業財産権」と同義である。

　パリ条約は1条から30条まであり、1条〜12条を実体規定、13条〜30条を管理規定と呼ぶ場合がある。

　パリ条約は、属地主義を前提として、各国ごとに工業所有権が成立することを承認しつつ、国際的に調整できる事項について調整を図っている。

　パリ条約は、1883年に成立し、その後6度にわたる改正を経て現在に至っている。パリ条約は、締結された後にも、同盟の制度を完全なものにするような改善を加えるために改正会議によって改正条約を逐次採択してきている（『特許関係条約』p26）。

　わが国は、明治32年（1899年）に加入し、その後の改正条約にもその都度署名・批准している。

**法律用語**
「属地主義」
　その工業所有権の効力は付与国ないし登録国の領土内にのみ及ぶことをいう。
　この「属地主義」に対するものとして、「普遍主義」がある。ここにいう普遍主義とは、最初に成立が認められた国の法（本源国法）によって他の国でもその工業所有権の成立効力等を規律しようとすることをいう。

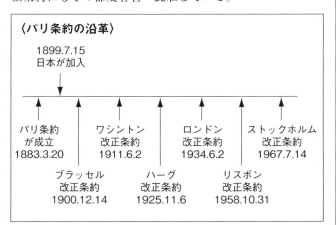

〈パリ条約の沿革〉

## (2) 「パリ条約」の語

　パリ条約は、1883年に作成されて以来何度も改正を経て

いるが、これらを一連のものとした全体を指称するものとしてパリ条約の語が用いられている。各改正会議における改正は1つの条約として採択され、改正条約と呼ばれている。新旧の改正条約は現在でも併存している（『特許関係条約』p30）。

### (3) パリ条約成立の経緯（『特許法概説』p33、34）

　国際的交通の発達や国際貿易の拡大につれて、発明の国際的保護の統一と強化の必要を要望する声が次第に高くなった。すなわち、1つの発明が世界の多くの国において保護されるように、世界特許法ともいうべき統一特許法を設けることができないか、その可能性を至急検討すべきであるとする意見が唱えられるようになった。そこで、1873年にウィーン、1878年にはパリで国際会議が開かれ、真剣な討議が重ねられた。

　しかし、多くの国は、伝統とメンツに拘泥し、統一特許法の即時実現に強い難色を示した。そのため、統一特許法の実現は断念せざるをえないこととなった。

　その一方で、参加国は、次善策として、各国別の特許法の存在を前提としながら、特許制度の国際的利用を促進するための基本原則を定め、これによって各国特許法の調整を図ることができる条約を結ぶこととした。これがパリ条約であり、今日特許制度の国際的利用に最も重要な役割を果たしているものである。

### (4) パリ条約の3つの基本原則

　パリ条約は、1条に同盟の形成及び工業所有権の保護の対象を規定したうえで、次の3つの基本原則を規定する。

① 内国民待遇の原則（パリ2条(1)）
② パリ条約による優先権（パリ4条）
③ 工業所有権独立の原則（パリ4条の2(1)、パリ6条(2)・(3)）

第5章　条　約

また、パリ条約は、不実施・不使用に対する措置、特許・登録の表示を5条に規定する。

## 2　パリ条約第1条

**パリ条約第1条　同盟の形成・工業所有権の保護の対象**

(1) この条約が適用される国は、工業所有権の保護のための同盟を形成する。

① 「同盟」

　新旧の改正条約が併存しているが、パリ条約は全体として唯一かつ同一の「同盟」を維持しており、パリ条約における各改正条約のうちの、どの改正条約が適用されるかは問うところではない（『特許関係条約』p39）。

　全体として唯一かつ同一の「同盟」であり、改正条約ごとに「同盟」があるのではない。異なる新旧の改正条約に入っている国同士を、「同盟」を通じて結び付けている。

② 「この条約が適用される国」

　「この条約が適用される国」は、パリ条約締約国と同義と考えられている。

③ 工業所有権の保護

　工業所有権として保護する対象は、パリ条約1条(2)に定められている。

**パリ条約第1条　同盟の形成・工業所有権の保護の対象**

(2) 工業所有権の保護は、特許、実用新案、意匠、商標、サービス・マーク、商号、原産地表示又は原産地名称及び不正競争の防止に関するものとする。

> **補足説明**
> 　締約国となるのは署名後の批准又は加入（パリ20条、21条）によってであり、その国について条約が適用されなくなるのは、その締約国による条約の廃棄（パリ26条）の後である。パリ条約に加入しようとする国は最新の改正条約に加入しなければならず（パリ21条、23条）、その加入によってその国は、最新の改正条約には加入していない同盟国をも含めてすべてのパリ条約の同盟国と結ばれることになる（パリ27条(3)）。
> 　同盟国が最新の改正条約を廃棄すると、従前の改正条約のすべての廃棄を伴うとされているので（パリ26条(2)）、同盟からも脱退したことになる。したがって、国家は同盟全体としての加盟あるいは脱退ができるだけで、そのうちの1つの改正条約についてだけ加盟したり脱退したりすることができるのではない（『特許関係条約』p39、40）。

第1節　パリ条約の概要

5

（ⅰ） 定義

　同盟国は国内法令によってその対象を自由に定義することができ、それに対してパリ条約が適用されることになる（『注解パリ条約』p16）。

　これらの対象について一般にどのように理解されているかを示すと、次のとおりである（『注解パリ条約』p16、17、『特許関係条約』p35～38）。

　(a)　「特許（patents）」とは、工業的発明に適用する独占権をいう。

　(b)　「実用新案（utility models）」とは、二流特許ないしは小特許ということができる。

　(c)　「意匠（industrial designs）」とは、有用な物品の装飾的外観又は要素で物品の外観をつくりあげる表面及び形状の平面的又は立体的特徴を含むものをいう。

　(d)　「商標（trademarks）」とは、ある企業の商品を他の企業のものと区別するために役立つ標識をいう。ここにいう「商標」には、サービス・マークが含まれない。すなわち、パリ条約でいう「商標」は、いわゆる商品商標であり、いわゆる役務商標を含まない概念である。

　(e)　「サービス・マーク（service marks）」とは、ある企業のサービスを他の企業のものと区別するために役立つ標識をいう。

　(f)　「商号（trade names）」とは、自然人又は法人の企業を特定するための名称をいう。

　(g)　「原産地表示（indications of source）」とは、生産物又はサービスが特定の国、一群の国、地域又は地方から生じたということを示すために用いられる表現又は記号をいう。

　(h)　「原産地名称（appellations of origin）」とは、国、地域、地方の地理的名称であって、そこで産出す

第5章 条 約

る生産物の品質及び特徴がもっぱら又は本質的に
自然因子又は人的因子を含む地理的環境に由来す
るような生産物を指称するために用いられるもの
をいう。

「原産地名称」は、「原産地表示」の一種であると
いわれている。また、「原産地名称」は、単なる原
産地表示に比べると品質保証の機能が強調されてい
るといえる。

（ⅱ） 不正競争の防止

「不正競争の防止（the repression of unfair compe
tition）」が工業所有権の保護に含まれているのは、商
標権や商号権のような工業所有権の侵害や、原産地表
示又は原産地名称の悪用は、同時に不正競争行為であ
る場合が多いからである（『注解パリ条約』p18）。

（ⅲ） 保護義務の有無

パリ条約1条（2）に列挙されたすべてについて各同
盟国が保護義務を課されているわけではない。しかし
ながら、特許や商標といった工業所有権のうちの重要
なものを保護する国内法令を設けないで、この条約に
加入することは認められない（パリ25条）。

④ 工業所有権の語義

工業所有権の語義について、パリ条約1条（3）に定め
られている。

**補足説明**

「原産地名称」の例としては、チーズにおけるロックフォール（Roquefort, フランス）、ブランデーにおけるコニャック（Cognac, フランス）、ぶどう酒におけるボルドー（Bordeaux, フランス）、刃物におけるゾーリンゲン（Solingen, ドイツ）を挙げることができる。

第1節 パリ条約の概要

---

**パリ条約第1条 同盟の形成・工業所有権の保護の対象**

(3) 工業所有権の語は、最も広義に解釈するものとし、
本来の工業及び商業のみならず、農業及び採取産業
の分野並びに製造した又は天然のすべての産品（例
えば、ぶどう酒、穀物、たばこの葉、果実、家畜、
鉱物、鉱水、ビール、花、穀粉）についても用いら
れる。

---

7

パリ条約1条（3）は、この規定がないと工業本来のものに準じて扱われないおそれのある活動や産品が工業所有権の保護から排除されるのを避けることを目的に規定された（『注解パリ条約』p20）。

⑤　特許の種類

特許の種類について、パリ条約1条（4）に定められている。

---

**パリ条約第1条　同盟の形成・工業所有権の保護の対象**

(4) 特許には、輸入特許、改良特許、追加特許等の同盟国の法令によつて認められる各種の特許が含まれる。

---

パリ条約1条(4)は、すべての種類の特許にパリ条約を適用することを目的に規定された（『注解パリ条約』p21）。

（ⅰ）「輸入特許（patents of importation）」とは、「導入特許（patents of introduction）」や「確認特許（patents of confirmation）」等いろいろな呼び方があるが、外国で特許されている技術をとにかく最初に国内に持ってきた人に独占権を与えるということを中核とするものをいう（『パリ条約講話』p88）。

（ⅱ）「改良特許（patents of improvement）」は、ある発明の改良に対して与えられ、存続期間や存続料金について特例を認める制度を設けた国があることを反映して、パリ条約1条(4)で言及したものである（『特許関係条約』p36）。

（ⅲ）「追加特許（patents and certificates of addition）」は、フランスの1844年法で初めて設けられた追加特許の制度を反映して、パリ条約1条(4)で言及したものである。わが国でも昭和60年法で廃止されるまで存在していた（『特許関係条約』p36）。

（ⅳ）「発明者証（inventors' certificates）」は特許には含まれない。「発明者証」の場合には、発明者等

第5章　条　約

に当該発明の他人による実施を排除する権利が認められていないからである。なお、発明者証制度は、通常の特許制度のように発明者に独占権を付与するものではなく、国家は、発明者が本来有する権利の譲渡を受けてその発明を独占的に実施する権利を持ち、発明者には、その代わりに報償を受ける権利を付与する制度である（『特許法概説』p21）。

## 3 内国民待遇の原則

　内国民待遇の原則は、パリ条約2条(1)前段に定められており、内外人平等主義ともいわれる。

### 内国民待遇（national treatment）の原則の内容

> **パリ条約第2条　同盟国の国民に対する内国民待遇等**
> (1) 各同盟国の国民は、工業所有権の保護に関し、この条約で特に定める権利を害されることなく、他のすべての同盟国において、当該他の同盟国の法令が内国民に対し現在与えており又は将来与えることがある利益を享受する。すなわち、同盟国の国民は、内国民に課される条件及び手続に従う限り、内国民と同一の保護を受け、かつ、自己の権利の侵害に対し内国民と同一の法律上の救済を与えられる。
> (2) もっとも、各同盟国の国民が工業所有権を亨有するためには、保護が請求される国に住所又は営業所を有することが条件とされることはない。
> (3) 司法上及び行政上の手続並びに裁判管轄権については、並びに工業所有権に関する法令上必要とされる住所の選定又は代理人の選任については、各同盟国の法令の定めるところによる。

**第1節　パリ条約の概要**

**補足説明**
「工業所有権の保護」については、パリ条約1条(2)に規定されている。

## パリ条約第3条　同盟国の国民とみなされる者

同盟に属しない国の国民であつて、いずれかの同盟国の領域内に住所又は現実かつ真正の工業上若しくは商業上の営業所を有するものは、同盟国の国民とみなす。

① 「同盟国の国民」

（ⅰ）「同盟国の国民」に内国民待遇の原則が適用される。

「国民」には、自然人のほかに法人も含まれる。国民か否かは、各同盟国で定めることができる。

「同盟国の国民」は、自然人については当該国の国内法令により当該国の国籍を有する者であり、法人については当該国の国内法令に従って設立した法人であると考えるのが通常であろう（『特許関係条約』p45）。

（ⅱ）内国民待遇の原則は、「同盟国の国民」のみならず、パリ条約3条に規定するいわゆる「準同盟国民」にも適用される。同盟国の居住者も、同盟国の国民と同様に同盟国の産業の発達に寄与するからである。

なお、パリ条約の適用を受けるために単に名目的な営業所を形式的に有するにすぎないものは排除されることになる（『特許関係条約』p47）。

② 「各同盟国の国民は……当該他の同盟国の法令が内国民に対し現在与えており又は将来与えることがある利益を享受する」

他の同盟国の国民に適用される国内法令が差別なく適用されることを要求できるのであって、保護についての相互主義が規定されているのではないということに意義があるといえよう（『特許関係条約』p45）。

③ 「法令」

当該国の国内法令の意味であって、当該国が加盟して

---

**法律用語**
「相互主義」
　外人法上の立法主義の1つである。外国人に権利を認める場合に、その外国人の本国が自国民に対しても、同様の権利を認めていることを条件とするものをいう（『法律学小辞典』p580）。

いる国際条約は、国内法令にとり入れられない限り、ここでいう「法令」には含まれないと解されている（『特許関係条約』p45）。

すなわち、国際条約については、内外人を差別的に扱うことが許容されている。

④　「将来与えることがある利益」

法改正等によって新しい保護が認められることになれば、当然に同盟国の国民にもすべて認められることになる（『特許関係条約』p45）。

⑤　「この条約で特に定める権利を害されることなく」

パリ条約の定める権利については、内国民に対する国内法令にかかわらず、パリ条約が当然に適用されることになる（『特許関係条約』p45、46）。

「パリ条約で特に定める権利」としては、たとえば、パリ条約による優先権（パリ4条）である。

⑥　内国民待遇の原則の具体的内容

同盟国の国民は、内国民と同一の保護を受け、かつ、自己の権利の侵害に対し内国民と同一の法律上の救済を与えられる（パリ2条(1)後段）。

そのためには、「内国民に課される条件及び手続に従うこと」（パリ2条(1)後段）が必要である。

ただし、次の2つの例外的取扱いがある。

（ⅰ）　他の同盟国の国民は、保護が請求される同盟国に住所又は営業所を有さなくても工業所有権の保護を受けることができる（パリ2条(2)）。

したがって、たとえ内国民（自国民）に対し、工業所有権を享有するためには国内に住所又は居所を有することが条件であるとする法令を有する同盟国においても、この条件を他の同盟国の国民に課すことはできない。

（ⅱ）　一定の手続等の条件については外国人を区別して取り扱うことが許容されている（パリ2条(3)）。

たとえば、訴訟を提起する際の保証の供託や、外国
人の裁判管轄籍、あるいは工業所有権の出願にあたっ
て国内に郵便の宛先を届出たり国内の代理人の選任を
強制したりすることは、内国民待遇の原則とは関係の
ないことであるとして国内法令で特別に規定すること
が許容される（『特許関係条約』p46）。

　したがって、訴訟を提起する際の保証の供託も、外
国人にのみ強制する国内法令を特別に規定することが
できる。

## 4　パリ条約による優先権

**パリ条約第4条A、B、C　優先権**

A(1)　いずれかの同盟国において正規に特許出願若し
　　　くは実用新案、意匠若しくは商標の登録出願をし
　　　た者又はその承継人は、他の同盟国において出願
　　　をすることに関し、以下に定める期間中優先権を
　　　有する。
　(2)　各同盟国の国内法令又は同盟国の間で締結され
　　　た2国間若しくは多数国間の条約により正規の国
　　　内出願とされるすべての出願は、優先権を生じさ
　　　せるものと認められる。
　(3)　正規の国内出願とは、結果のいかんを問わず、
　　　当該国に出願をした日付を確定するために十分な
　　　すべての出願をいう。
B　　すなわち、A(1)に規定する期間の満了前に他の
　　　同盟国においてされた後の出願は、その間に行われ
　　　た行為、例えば、他の出願、当該発明の公表又は実施、
　　　当該意匠に係る物品の販売、当該商標の使用等によ
　　　つて不利な取扱いを受けないものとし、また、これ
　　　らの行為は、第三者のいかなる権利又は使用の権能

をも生じさせない。……

C (1) A (1)に規定する優先期間は、特許及び実用新案については12箇月、意匠及び商標については6箇月とする。

(2) 優先期間は、最初の出願の日から開始する。出願の日は、期間に算入しない。

(3) 優先期間は、その末日が保護の請求される国において法定の休日又は所轄庁が出願を受理するために開いていない日に当たるときは、その日の後の最初の就業日まで延長される。

## (1) 趣旨

　パリ条約による優先権（right of priority）は、各国ごとに工業所有権の保護を求める体制のもとにおいて、時間と費用がかかる外国への出願手続を容易にし、発明者や出願人に対して外国における工業所有権を取得しやすくすることによって、工業所有権の国際的な保護を図るためのものである。

## (2) パリ条約による優先権の内容

　パリ条約による優先権は、その「発生要件」、「主張要件」及び「効果」に分けて考えることができる。パリ条約による優先権の「効果」を得るためには、「発生要件」と「主張要件」を満たす必要がある。

## (3) 発生要件

　パリ同盟国の国民がいずれかのパリ同盟国において正規に最先の特許出願又は実用新案、意匠若しくは商標の登録出願をしたこと（パリ4条A (1)、C (2) 前段）

① 「いずれかのパリ同盟国」であるから、パリ同盟国でない国に出願をしても、パリ条約による優先権は発生しない。

---

**補足説明**

パリ条約による優先権の制度は、1の同盟国とそれ以外の他の同盟国における出願の関係を規制したものであるから、同一の同盟国における2つの出願の関係については何も触れてはおらず、各国が国内法で自由に定めることができる（『特許関係条約』p48、49）。

**補足説明**

優先権の性格として以下のことを挙げることができる（『特許関係条約』p48、『パリ条約講話』p113、114）。
(ⅰ) 優先権は最初の出願によって発生するものである。
(ⅱ) 優先権は発生すると同時に、基礎となる出願から独立した存在となる。
(ⅲ) 優先権は独立した存在となっても潜在可能性のままにとどまるのである。
(ⅳ) 対応出願（第2国出願）がされて、その優先権が主張されたときに、この優先権は現実のものとなるが、それとともにその出願の効力を支える出願の付属物となり、当該出願と同じ法制度に服することになる。

**補足説明**

優先権は、第1国以外の同盟国において主張することができるので、第1国出願によって、同盟国数マイナス1個の数だけ優先権が発生するということもできる（『特許関係条約』p48）。

② 「正規の国内出願」の定義は、パリ条約4条A(2)・(3)に規定されている。

すなわち、パリ条約4条A(2)は、「各同盟国の国内法令又は同盟国の間で締結された2国間若しくは多数国間の条約により正規の国内出願とされるすべての出願は、優先権を生じさせるものと認められる」と定めている。また、パリ条約4条A(3)は、「正規の国内出願とは、結果のいかんを問わず、当該国に出願をした日付を確定するために十分なすべての出願をいう」と定めている。

③ 「サービス・マーク」の登録出願については規定されていない。したがって、各同盟国は、「サービス・マーク」の登録出願についてパリ条約による優先権の発生を認める義務がない。なお、わが国では、「サービス・マーク」の登録出願について優先権の発生を認めている（商9条の2）。

④ 「最初の出願」に限られる（パリ4条C(2)前段）。

したがって、すでに同盟国に出願したと同一対象について、その後に同一の同盟国あるいは他の同盟国に再びされた出願については優先権が発生しないことになる（『特許関係条約』p51）。しかし、これには例外規定がある（パリ4条C(4)）。

なお、パリ条約4条C(2)前段は、「優先期間は、最初の出願の日から開始する」と定めている。

⑤ 「パリ同盟国の国民」のみならず、準同盟国民（パリ3条）についてもパリ条約による優先権が発生し得る。

## (4) 主張要件

① 最初の特許出願等をした者又はその承継人は、他のパリ同盟国において出願をすることに関し、優先期間中優先権を有する（パリ4条A(1)）。

（ i ） 「その承継人」とは、パリ条約による優先権の承継人をいう。

---

**条文内容**
商標法9条の2は、「パリ条約の同盟国でされた商標（第2条第1項第2号に規定する商標に相当するものに限る。）の登録の出願に基づく優先権は、同項第1号に規定する商標に相当する商標の登録の出願に基づく優先権についてパリ条約第4条に定める例により、これを主張することができる」旨を規定する。

14

第5章　条　約

（ⅱ）　優先期間は、原則として最初の出願の種類で一
　　　義的に決定される。すなわち、最初の出願が特許又
　　　は実用新案のときは**12月**であり、意匠又は商標の
　　　ときは**6月**である（パリ4条C（1））。
　　　ただし、いずれかの同盟国において実用新案登録出
　　願に基づく優先権を主張して意匠登録出願をした場合
　　の優先期間は、**意匠について定められた優先期間**とさ
　　れる（同条E（1））。なお、優先期間の計算にあたっては、
　　最初の出願の日を期間に算入せず（同条C（2）後段）、
　　また、優先期間は、その末日が法定の休日等にあたる
　　ときは、その後の最初の就業日まで延長される（同条
　　C（3））。

（ⅲ）　第1国出願と第2国出願とは同一の対象に係る
　　　ものであることが必要である（パリ4条A（1））。優
　　　先権は第1国出願に係る対象について発生すると考
　　　えられるからである。
　　　しかしながら、特許においては各国の特許要件等の
　　相違があること等を反映して、特許出願については、
　　厳密に形式的な同一性が求められるのではなく、**実質**
　　**的な同一性が確保できれば足りる**とする趣旨の一種の
　　緩和規定が設けられている（パリ4条H、F、E、G）。

（a）　パリ条約4条H

### パリ条約第4条H　優先権

　優先権は、発明の構成部分で当該優先権の主張に係
るものが最初の出願において請求の範囲内のものとし
て記載されていないことを理由としては、否認するこ
とができない。ただし、最初の出願に係る出願書類の
全体により当該構成部分が明らかにされている場合に
限る。

　　パリ条約4条Hは、優先権の対象である発明が同

---

**第1節　パリ条約の概要**

**補足説明**
　パリ条約4条C（2）後
段は、特許法3条1項1
号本文と同じ内容である。
また、パリ条約4条C（3）
は、特許法3条2項と同
じ内容である。

15

一であるかどうかの判断について規定する。

　各国法制の相違や各国のプラクティスの相違により必ずしも同一とすることが容易でないことを考慮し、第1国の出願書類の全体（明細書、図面をも含めて）において明確に開示されていれば十分であるとしたものである（『特許協力条約』p53）。

（b）　パリ条約4条F

### パリ条約第4条F　優先権

　いずれの同盟国も、特許出願人が2以上の優先権（2以上の国においてされた出願に基づくものを含む。）を主張することを理由として、又は優先権を主張して行つた特許出願が優先権の主張の基礎となる出願に含まれていなかつた構成部分を含むことを理由として、当該優先権を否認し、又は当該特許出願について拒絶の処分をすることができない。ただし、当該同盟国の法令上発明の単一性がある場合に限る。

　優先権の主張の基礎となる出願に含まれていなかつた構成部分については、通常の条件に従い、後の出願が優先権を生じさせる。

　パリ条約4条Fは、いわゆる複数優先・部分優先の取扱いを規定する。ここにいう複数優先とは、「特許出願人が2以上の優先権（2以上の国においてされた出願に基づくものを含む。）を主張すること」をいう。また、ここにいう部分優先とは、「優先権を主張して行つた特許出願が優先権の主張の基礎となる出願に含まれていなかつた構成部分を含むこと」をいう。

　特許出願の場合には、いつたん出願をした後にもその発明の改良や拡張等が行われることが多いところから、優先権を主張する第2国出願を第1国特許出願の対象のみに限定することは、発明者に対し費

第5章 条 約

用や手続の面でも酷にすぎることを考慮したもので
ある（『特許協力条約』p54）。

　ここで、複数優先・部分優先を理由として、「優
先権の否認」をすることができない。言い換えると、
複数優先・部分優先を理由としては、発明の単一性
の有無にかかわらず、「優先権の否認」をすること
ができない。

　また、複数優先・部分優先を理由として、発明の
単一性がある場合には、特許出願について「拒絶の
処分」をすることができない。言い換えると、発明
の単一性がない場合には、特許出願について「拒絶
の処分」をすることができる。

| | 優先権の否認 | 拒絶の処分 |
|---|---|---|
| 単一性あり | 不可 | 不可 |
| 単一性なし | 不可 | 可 |

（c）　パリ条約4条E

**パリ条約第4条E　優先権**

（1）　いずれかの同盟国において実用新案登録出願に
　基づく優先権を主張して意匠登録出願をした場合に
　は、優先期間は、意匠について定められた優先期間
　とする。
（2）　なお、いずれの同盟国においても、特許出願に
　基づく優先権を主張して実用新案登録出願をするこ
　とができるものとし、また、実用新案登録出願に基
　づく優先権を主張して特許出願をすることもできる。

　パリ条約4条Eは、異種出願の取扱いについて規
定する。

　各国における工業所有権法制は必ずしも同一では
ないので、同一の対象が必ずしも同一の法令によっ
て保護されているとは限らないところから、パリ条

第1節　パリ条約の概要

17

約では対象が同一であれば異種の保護を求める場合にも優先権を認めている（『特許協力条約』p55）。

実用新案登録出願に基づく優先権を主張して意匠登録出願をすることが認められ（パリ4条E(1)）、その逆の場合も認められると解されている（『特許協力条約』p55）。

(d) パリ条約4条G

**パリ条約第4条G　優先権**

(1)　審査により特許出願が複合的であることが明らかになつた場合には、特許出願人は、その特許出願を2以上の出願に分割することができる。この場合において、特許出願人は、その分割された各出願の日付としてもとの出願の日付を用い、優先権の利益があるときは、これを保有する。

(2)　特許出願人は、また、自己の発意により、特許出願を分割することができる。この場合においても、特許出願人は、その分割された各出願の日付としてもとの出願の日付を用い、優先権の利益があるときは、これを保有する。各同盟国は、その分割を認める場合の条件を定めることができる。

パリ条約4条Gは、出願の分割について規定する。

パリ条約4条G(1)では、「審査により特許出願が複合的であることが明らかになつた場合」の出願の分割を規定している。すなわち、審査の結果の分割について規定している。

パリ条約4条G(2)では、「自己の発意」による場合の出願の分割を規定している。すなわち、自発的な分割について規定している。

パリ条約4条G(1)及び(2)には「優先権の利益があるときは」と規定されていることから、優先権の主張があるときに出願の分割が認められるほか、優

---

**補足説明**

パリ条約4条Eには、特許出願に基づく優先権を主張して意匠登録出願をすることについては規定されておらず、意匠登録出願に基づく優先権を主張して特許出願をすることについては規定されていない。

**補足説明**

わが国では、特許出願の分割を特許法44条に規定している。なお、パリ条約による優先権の主張を伴う特許出願を分割する場合における新たな特許出願の優先権主張手続について、特許法44条3項・4項に規定している。

先権の主張がないときにも出願の分割が認められる。

② 最初の出願にもとづいて優先権を主張しようとする者は、所定の申立て等の主張手続をしなければならない（パリ4条D(1)〜(5)）。

**パリ条約第4条D　優先権**

(1) 最初の出願に基づいて優先権を主張しようとする者は、その出願の日付及びその出願がされた同盟国の国名を明示した申立てをしなければならない。各同盟国は、遅くともいつまでにその申立てをしなければならないかを定める。

(2) (1)の日付及び国名は、権限のある官庁が発行する刊行物（特に特許及びその明細書に関するもの）に掲載する。

(3) 同盟国は、優先権の申立てをする者に対し、最初の出願に係る出願書類（明細書、図面等を含む。）の謄本の提出を要求することができる。最初の出願を受理した主管庁が認証した謄本は、いかなる公証をも必要とせず、また、いかなる場合にも、後の出願の日から3箇月の期間内においてはいつでも、無料で提出することができる。その謄本には、その主管庁が交付する出願の日付を証明する書面及び訳文を添付するよう要求することができる。

(4) 出願の際には、優先権の申立てについて他の手続を要求することができない。各同盟国は、この条に定める手続がされなかつた場合の効果を定める。ただし、その効果は、優先権の喪失を限度とする。

(5) 出願の後においては、他の証拠書類を要求することができる。

最初の出願に基づいて優先権を主張する者は、その最初の出願の番号を明示するものとし、その番号は、(2)に定める方法で公表される。

主張手続としては、出願日及び出願国を明示した申立て（パリ4条D(1)前段）と、出願番号の明示（同条D(5)後段）とがある。これらの出願日、出願国及び出願番号は、所定の方法で公表される（同条D(2)、(5)後段）。

　また、同盟国の要求があれば、主張手続に、いわゆる優先権証明書（優先権書類）の提出（同条D(3)前段）が含まれる。

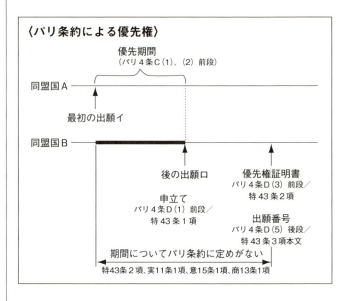

　所定の手続がされなかった場合の効果は、優先権の喪失を限度とする（同条D(4)）。すなわち、所定の手続がなされなかったとしても、出願の取下げとは扱われない。現実の出願日で新規性等が判断されるだけである。

　わが国では、パリ条約4条Dを受けて、特許法43条等を規定している。たとえば、パリ条約4条D(1)後段の「各同盟国は、遅くともいつまでにその申立てをしなければならないかを定める」との文言を受けて、特許法43条1項が規定されている。また、パリ条約4条D(4)の「各同盟国は、この条に定める手続がされなかつた場合の効果を定める。ただし、その効果は、優先権の喪失

を限度とする」との文言を受けて、特許法43条4項が規定されている。パリ条約4条D(5)後段の「最初の出願に基づいて優先権を主張する者は、その最初の出願の番号を明示するものとし」との文言を受けて、特許法43条3項本文が規定されている。

　実用新案法11条1項で特許法43条を準用している。

　意匠法15条1項及び商標法13条1項で特許法43条を準用している。

　また、意匠法15条1項及び商標法13条1項では、特許法43条2項に規定されている優先権証明書（優先権書類）提出の時期的要件を読み替えている。すなわち、特許出願及び実用新案登録出願の場合には、「第1国出願日から1年4月以内」であるが、意匠登録出願及び商標登録出願の場合は、「後の出願の日から3月以内」である。

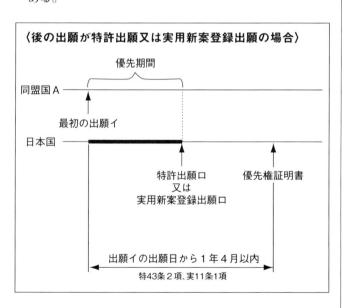

```
〈後の出願が意匠登録出願又は商標登録出願の場合〉

                        優先期間

  同盟国Ａ ─────┬──────────────────────

                  │
          最初の出願イ

  日本国 ──────━━━━━━━━━━┬─────────┬──────

                           意匠登録出願ロ      優先権証明書
                              又は
                           商標登録出願ロ

                                   出願ロの出願日
                                   から３月以内

                                   意15条1項、商13条1項
```

## （5）効果

優先期間の満了前に他の同盟国においてされた後の出願は、**その間に行われた行為によって不利な取扱いを受けないものとする（パリ４条Ｂ前段）**。すなわち、最初の出願から後の出願までの間に、たとえば「他の出願」（特39条等）、「当該発明の公表又は実施」（特29条１項各号等）、「当該意匠に係る物品の販売」、「当該商標の使用」等が行われても、その行為によって後の出願が拒絶される等のような取扱いがなされない。

また、これらの行為（最初の出願から後の出願までの間に行われた行為）は、「第三者のいかなる権利」（例：特79条）又は「使用の権能」（例：特69条２項２号）をも生じさせない（パリ４条Ｂ後段）。

〈わが国の取扱い〉

　（a）　第１国出願時（出願日）を基準とする場合
　　　　特許要件（特29条１項・２項、39条等）の判断
　　　　先使用権（特79条）の判断
　　　　特許法69条２項２号の判断

---

**補足説明**
優先権制度を利用すれば、最初の出願と同時にしていれば享受できたであろう利益を後の出願に確保することができる。

（b）　パリ条約4条Bとは直接関係のない場合

　　出願公開等の起算日（特36条の2第2項かっこ書）

（c）　わが国出願時（出願日）を基準とする場合

　　出願審査請求期間（特48条の3第1項）の起算日

　　特許権の存続期間（特67条1項）の起算日（パリ4

条の2（5））

（d）　問題となる場合

　　特許法29条の2（特許の要件）→ 第1国出願日

　　中用権は発生

　　特許法104条（生産方法の推定）→ 第1国出願時


## (6) その他

　発明者証については、特別の規定が設けられている（パリ4条I）。

　すなわち、発明者証の出願は、当該国において発明者証と特許とのいわゆる自由選択の原則が保証されることを条件にして、特許と同様の優先権の「発生」が認められる（同条I（1））。

　また、発明者証の出願に対する優先権の「主張」については、自由選択の原則が認められている同盟国における発明者証出願に対して、特許出願、実用新案登録出願又は発明者証出願を基礎とする優先権が認められる（同条I（2））。

　なお、発明者証とは、一般には、発明者は発明を実施する権利を国家に帰属させることに代えて、国家に対し報酬を請求する権利を有するとする制度又はその制度のもとに付与されるそのような保護ないし法律上の証書をいう（『パリ条約講話』p218）。


## 5　工業所有権独立の原則

## (1) 特許独立の原則（パリ4条の2（1））

> **パリ条約第4条の2　各国の特許の独立**
>
> (1)　同盟国の国民が各同盟国において出願した特許
> は、他の国（同盟国であるかどうかを問わない。）
> において同一の発明について取得した特許から独立
> したものとする。

**(2) 商標独立の原則（パリ6条(2)・(3)）**

> **パリ条約第6条　商標の登録の条件、各国の商標保護
> の独立**
>
> (2)　もつとも、同盟国の国民がいずれかの同盟国に
> おいて登録出願をした商標については、本国におい
> て登録出願、登録又は存続期間の更新がされていな
> いことを理由として登録が拒絶され又は無効とされ
> ることはない。
>
> (3)　いずれかの同盟国において正規に登録された商
> 標は、他の同盟国（本国を含む。）において登録さ
> れた商標から独立したものとする。

**(3) その他**

　実用新案及び意匠については、明文の規定は設けられて
いない。

　しかし、これらについてもその独立性が否定されるわけ
ではなく、特許についての規定が類推適用されるものと考
えられる（『特許関係条約』p64、65）。

## 6　特許独立の原則

> **パリ条約第4条の2　各国の特許の独立**
>
> (1)　同盟国の国民が各同盟国において出願した特許
> は、他の国（同盟国であるかどうかを問わない。）
> において同一の発明について取得した特許から独立

**補足説明**

　パリ条約4条の2では、
(1) の規定がメインであ
る。パリ条約4条の2(2)
及び (5) は、同条の (1)
の派生的な説明のための
規定である。

　パリ条約4条の2(3)
及び(4)は、同条の規定
が発効した当時の経過措
置に関する規定であり、
現在ではその意義を失っ
ている。

第5章 条　約

したものとする。

(2)　(1)の規定は、絶対的な意味に、特に、優先期間中に出願された特許が、無効又は消滅の理由についても、また、通常の存続期間についても、独立のものであるという意味に解釈しなければならない。

(5)　優先権の利益によつて取得された特許については、各同盟国において、優先権の利益なしに特許出願がされ又は特許が与えられた場合に認められる存続期間と同一の存続期間が認められる。

## (1) パリ条約4条の2 (1)

① 「出願した特許」、「取得した特許」

「出願した特許」あるいは「取得した特許」とあるのは、発明についての保護を広く考えて、特許処分があったかどうかということを考える必要がない（『パリ条約講話』p224、225）。わが国の補償金請求権（特65条1項）についても、特許独立の原則が適用されることになる。

② 「特許」

「特許」は、正常な特許に限られる。すなわち、不正常な特許は含まれない。

したがって、不正常な特許である輸入特許は、特許独立の原則が適用されない。

③ 「他の国（同盟国であるかどうかを問わない。）」

同盟国は、その国の特許を、たとえ同一の発明についての他の特許が同盟に属しない国において付与されていても、当該他の特許から独立したものと認めることを義務付けられている（『注解パリ条約』p58）。

## (2) パリ条約4条の2 (2)

① 「優先期間中に出願された特許」

「優先期間中に出願された特許」というのは、優先期間中に出願され、優先権が認められた特許であっても、

---

**第1節　パリ条約の概要**

---

【補足説明】
　特許独立の原則は、領土主権の原則をそのまま承認しているというパリ条約の性格がはっきり出ている（『パリ条約講話』p223）。

優先権の基礎である出願に付与された特許から独立であるということである(『注解パリ条約』p58)。すなわち、パリ条約4条の2 (2)は、優先権の主張を伴う出願についての取扱いを規定したものである。

② 「存続期間」

「存続期間」については、さらにパリ条約4条の2 (5)で規定されている。

### (3) パリ条約4条の2 (5)

① 規定の意義

本規定は、優先権の利益を得た特許の存続期間を、優先権の認められない特許の存続期間の起算点となる日とは異なった日から起算することができないことを明らかにしようとするものである(『注解パリ条約』p58)。

すなわち、**優先権の主張の有無によって存続期間の起算日に差を設けてはいけない。**

たとえば、通常の特許については国内出願日から存続期間が始まるのに対し、優先権の主張を伴う特許権の存続期間は第1国出願日から開始するとの制度を採用できない(『パリ条約講話』p230)。

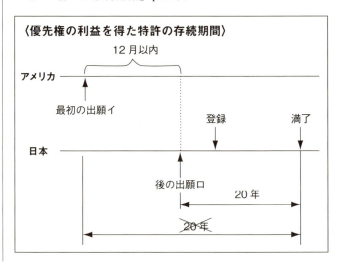

② わが国の取扱い

わが国では、特許権の存続期間について特許法67条1項に規定されている。すなわち、「特許権の存続期間は、特許出願の日から20年をもって終了する」ことが規定されている。

## (4) その他

① ＢＢＳ事件について

特許独立の原則（パリ4条の2）との関係で、「BBS事件」がある。

（i） BBS事件の概要

自動車用アルミホイール（タイヤを装着保持して車軸ハブに取り付けられることでその荷重を支える部品）についてドイツ及び日本で特許権を有するBBS社（ドイツ連邦共和国法人）が、ドイツ国内でBBS社が製造販売した特許製品を日本に並行輸入した日本企業に対し、日本国の特許権侵害を理由として、当該特許製品の輸入販売の差止及び損害賠償を請求した（最判平成9年7月1日（平成7年（オ）1988号））。

---

〈BBS事件の概要〉

特許権者甲は、「自動車用アルミホイール」についてドイツと日本で特許権を有する

**ドイツ**
① 特許権者甲が製造した「自動車用アルミホイール」を業者乙に販売

**日本**
② 業者乙の「自動車用アルミホイール」を業者丙が輸入し、業者丁に販売
③ 業者丁が消費者に販売

**日本**
④ 特許権者甲は、輸入販売している業者丙と業者丁を提訴

（ⅱ） 最高裁の判示

　最高裁では、原則として並行輸入を容認した。最高裁の判決は、国際的消尽を否定しつつ、黙示のライセンス理論を採用したものであると考えられている。

（ⅲ） 並行輸入が認められない場合

　ここで、並行輸入が認められない2つの場合としては、

（a） 特許権者甲と譲受人乙との間の当該製品について、販売先ないし使用地域からわが国を除外する旨の合意の成立があること

（b） 譲受人乙から特許製品を譲り受けた第三者丙及びその後の転得者丁については、上記（a）の合意の成立に加えて、その事実の特許製品への明確な表示があること

である。

　言い換えれば、わが国への並行輸入を排除するためには、特許権者としては、前記（a）の特許製品の譲受人との合意の成立及び前記（b）の特許製品への明確な表示を行っておく必要がある。

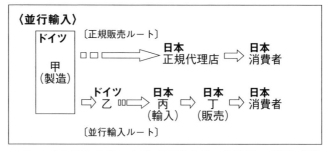

② パリ条約4条の2及び属地主義の原則との関係（『特許関係条約』p64）

　パリ条約4条の2の規定は、特許権の相互依存を否定し、各国の特許権が、その発生、変動、消滅に関して相互に独立であること、すなわち、特許権自体の存立が他国の特許権の無効、消滅、存続期間等により影響を受け

ないということを定めるものであって、一定の事情がある場合に特許権者が特許権を行使することができるかどうかという問題は、パリ条約4条の2の定めるところではないというべきである。

また、属地主義の原則とは、特許権についていえば、各国の特許権がその成立、移転、効力等につき当該国の法律のみによって定められ、特許権の効力が当該国の領域内においてのみ認められることを意味するものである。

わが国の特許権に関して特許権者がわが国の国内で権利を行使する場合において、権利行使の対象とされている製品が当該特許権者等により国外において譲渡されたという事情を、特許権者による特許権の行使の可否の判断にあたってどのように考慮するかは、もっぱらわが国の特許法の解釈の問題というべきである。

並行輸入の問題はパリ条約や属地主義の原則とは無関係であって、この点についてどのような解釈をとったとしても、パリ条約4条の2及び属地主義の原則に反するものではない。

## 7 商標独立の原則

**パリ条約第6条　商標の登録の条件、各国の商標保護の独立**

(1) 商標の登録出願及び登録の条件は、各同盟国において国内法令で定める。

(2) もっとも、同盟国の国民がいずれかの同盟国において登録出願をした商標については、本国において登録出願、登録又は存続期間の更新がされていないことを理由として登録が拒絶され又は無効とされることはない。

> (3) いずれかの同盟国において正規に登録された商
> 標は、他の同盟国（本国を含む。）において登録さ
> れた商標から独立したものとする。

**補足説明**
パリ条約6条(1)は「商標」のみについて述べているが、「サービスマーク」にも内国民待遇が働くので、同様に扱われると考えられる（『注解パリ条約』p81）。

### (1) パリ条約6条(1)

　本規定は、商標独立の原則を規定しているのではなく、「商標の登録出願及び登録について、その出願人は同盟国に対し内国民待遇（パリ2条、3条）を要求できること」という原則を明示しているにすぎない。

### (2) パリ条約6条(2)

① 　本規定は、パリ条約6条(1) によって同盟国が国内法令で自由に定めることができるとされている範囲について、その制限を定めている。

② 　「いずれかの同盟国において登録出願をした商標」であるから、非同盟国において登録出願した商標は対象としていない。すなわち、非同盟国に出願しただけの商標は対象外である。

### (3) パリ条約6条(3)

① 　本規定は、同盟国でいったん登録された商標は、独立に存続し、本国を含む他の同盟国における類似の登録の運命には影響されないことを定めている。

② 　「他の同盟国（本国を含む。）」であることから、同盟国において登録された商標から独立しているが、非同盟国において登録されたものからは独立していなくともよい（cf. パリ4条の2(1)）。

③ 　どの国を「本国」とするかは定められていないが、国籍がある国、住所を有する国又は営業所を有する国のいずれかを指すものと考えられる。

第5章　条　約

## (4) その他

　商標独立の原則に対する例外として、パリ条約6条の5が定められている。パリ条約6条の5は、外国登録商標、テルケル（仏語の「そのまま」の意）マークといわれているものについて規定している。

### パリ条約第6条の5　同盟国で登録された商標の他の同盟国における保護〈外国登録商標〉

A(1)　本国において正規に登録された商標は、この条で特に規定する場合を除くほか、他の同盟国においても、そのままその登録を認められかつ保護される。当該他の同盟国は、確定的な登録をする前に、本国における登録の証明書で権限のある当局が交付したものを提出させることができる。その証明書には、いかなる公証をも必要としない。

　(2)　本国とは、出願人が同盟国に現実かつ真正の工業上又は商業上の営業所を有する場合にはその同盟国を、出願人が同盟国にそのような営業所を有しない場合にはその住所がある同盟国を、出願人が同盟国の国民であつて同盟国に住所を有しない場合にはその国籍がある国をいう。

B　この条に規定する商標は、次の場合を除くほか、その登録を拒絶され又は無効とされることはない。もつとも、第10条の2の規定の適用は、妨げられない。

1　当該商標が、保護が要求される国における第三者の既得権を害するようなものである場合

2　当該商標が、識別性を有しないものである場合又は商品の種類、品質、数量、用途、価格、原産地若しくは生産の時期を示すため取引上使用されることがある記号若しくは表示のみをもつて、若しくは保護が要求される国の取引上の通用語にお

第1節　パリ条約の概要

31

いて若しくはその国の公正なかつ確立した商慣習
において常用されるようになつている記号若しく
は表示のみをもつて構成されたものである場合

3　当該商標が、道徳又は公の秩序に反するもの、
特に、公衆を欺くようなものである場合。ただし、
商標に関する法令の規定（公の秩序に関するもの
を除く。）に適合しないことを唯一の理由として、
当該商標を公の秩序に反するものと認めてはなら
ない。

C(1)　商標が保護を受けるに適したものであるかどう
かを判断するに当たつては、すべての事情、特に、
当該商標が使用されてきた期間を考慮しなければ
ならない。

(2)　本国において保護されている商標の構成部分に
変更を加えた商標は、その変更が、本国において
登録された際の形態における商標の識別性に影響
を与えず、かつ、商標の同一性を損なわない場合
には、他の同盟国において、その変更を唯一の理
由として登録を拒絶されることはない。

D　いかなる者も、保護を要求している商標が本国に
おいて登録されていない場合には、この条の規定に
よる利益を受けることができない。

E　もつとも、いかなる場合にも、本国における商標
の登録の更新は、その商標が登録された他の同盟国
における登録の更新の義務を生じさせるものではな
い。

F　第4条に定める優先期間内にされた商標の登録出
願は、本国における登録が当該優先期間の満了後に
された場合にも、優先権の利益を失わない。

① 趣旨

商標は商品とともに国際的に流通することから、1の

国で登録された商標が他国でもそのまま保護されること
は商標の国際的性格から考えてきわめて好ましい（『特
許関係条約』p87）。

② 「本国において正規に登録された商標」

「本国において正規に登録された商標」が、パリ条約
6条の5Ａ(1)により保護される対象である。

登録されないとパリ条約6条の5Ａ(1)による保護を
受けることができない（パリ6条の5Ｄ）。本国に出願
しただけの商標は対象外であり、本国で登録がされて初
めてパリ条約6条の5Ａ(1) による保護を受けることが
できる。

③ 「本国」

どの国を「本国」とするかは、パリ条約6条の5Ａ(2)
で定められている。「本国」を自由に選択することがで
きない。この点で、パリ条約6条(2)における「本国」
とは異なる。

すなわち、「出願人の現実かつ真正の工業上又は商業
上の営業所のある同盟国」が存在すれば当該同盟国が当
該出願人の本国となる。そのような同盟国が存在しなく
ても「出願人の住所がある同盟国」が存在すれば当該同
盟国が当該出願人の本国となる。そして、いずれの同盟
国も存在しなければ「出願人の国籍のある同盟国」が当
該出願人の本国とされる。

④ 「そのまま」

本国で正規に登録された商標は、他の同盟国で「その
まま」登録を認められ、かつ保護される。

「そのまま」というのは、標章の形すなわち商標を構
成する記号に関する規制であるから、商標を構成する記
号として数字、文字、姓、地理的名称、言語等について
の制限を課している国内法令を有する国に対しては、こ
の規定は有効に働く（『特許関係条約』p88、89）。

もっとも、商標の概念については国内法令と異なる解

第５章 条 約

第１節 パリ条約の概要

33

釈を適用する義務まではないと考えられているので、立体（3次元）商標やテーマ音楽（音響商標）が本国で登録されている場合にも、3次元の物体や音楽を商標として認めない国内法令を持つ国が、それを保護する義務を負うものではない（『特許関係条約』p89）。

「そのまま」は、まったく変更を加えないことまでを要求しているのではなく、本質的に同一な商標であれば適用される（『特許関係条約』p89）。すなわち、商標の構成部分に変更を加えることは、一定要件下で認められる（パリ6条の5C(2)）。

⑤　「この条で特に規定する場合を除くほか」

「この条で特に規定する場合」としては、パリ条約6条の5Bがある。パリ条約6条の5B1～B3によれば、わが国商標法の商標登録の要件（商3条等）に相当するものがほとんど挙げられている。すなわち、パリ条約6条の5B1は、わが国商標法4条1項10号～12号及び14号の規定に相当するものであり、B2は、わが国商標法3条1項各号の規定に相当するものであり、B3は、わが国商標法4条1項1号～4号の規定に相当するものである。

したがって、パリ条約6条の5A(1)による保護は、無審査主義を前提としているわけではない。

なお、商標が保護を受けるに適したものであるかどうかを判断するにあたっては、すべての事情、とくに、当該商標が使用されてきた期間を考慮しなければならない（パリ6条の5C(1)）。

パリ条約6条の5C(1)は、商標法3条2項の規定に相当するものである。

⑥　「更新」

他の同盟国における存続期間の更新については、本国における存続期間の更新に従属させる必要はない（パリ6条の5E）。

⑦ 「パリ条約による優先権との関係」

　パリ条約4条に定める優先期間内にされた商標の登録
出願は、本国における登録が当該優先期間の満了後にさ
れた場合にも、優先権の利益を失わない（パリ6条の5
F）。

　外国登録商標といえども、第三者の既得権を害するこ
とができないので、その出願の順位を確保することは非
常に重要なことであり、この点は通常の商標の場合と異
ならない。

## 8　パリ条約第5条

　工業所有権は、その国の産業の発達を図るために産業政
策の一環として認められるから、付与された工業所有権が
その国で適切に実施あるいは使用されないと、単に権利の
うえに眠っているというだけではなく、その国の産業の発
展を阻害することも起こり得る。工業所有権が排他性を認
めているのは、権利者がその権利を実施し、産業の発達に
貢献することを前提としていると考えられ、単に第三者の
発動を排除するためにのみ排他性が認められるとは、その
制度の本質からは考え難いことである。そこで、パリ条約
では、その実施を強制する必要性の高い特許と実用新案に
ついて詳細な規定を設けたほかに、意匠の実施及び商標の
使用に関しても関連する規定が設けられている（『特許関
係条約』p66）。

　パリ条約5条にはA～Dの規定がある。

　パリ条約5条A～Cは、工業所有権の不実施等の制裁の
緩和について規定している。同条A(1)～(4)は特許につい
て、同条Bは意匠について、同条Cは商標についてそれぞ
れ定めている。実用新案については同条A(5)で特許の規
定を準用している。

　パリ条約5条Dは、特許表示又は登録表示と権利の保護

との関係について規定している。

## (1) パリ条約5条A（1）

> **パリ条約第5条　不実施・不使用に対する措置、特許・登録の表示**
> A（1）　特許は、特許権者がその特許を取得した国にいずれかの同盟国で製造されたその特許に係る物を輸入する場合にも、効力を失わない。

**補足説明**
たとえば、日本国で特許され、その特許に係る物を米国（いずれかの同盟国）で製造して日本国（その特許を取得した国）に輸入する場合の、日本国での対応を規定している。

　パリ条約5条A（1）は、特許品の輸入に関する規定である。すなわち、特許権者が、特許を受けた国でその物の製造を行わず、特許を受けた物を他の同盟国で製造して当該国に輸入したり、あるいは特許された方法を他の同盟国で実施して製造した物を当該国に輸入したりする場合でも、当該国は、その特許に対し、無効や取消し等によって効力を失わせる措置をとることができないことになる。特許権者にとって、あまりにも酷な措置であると考えられたからである（『特許関係条約』p71、72）。

　なお、パリ条約5条A（1）の規定は、同盟国以外の国で製造された物については適用されない（『特許関係条約』p72）。

## (2) パリ条約5条A（2）～（4）

> **パリ条約第5条　不実施・不使用に対する措置、特許・登録の表示**
> A（2）　各同盟国は、特許に基づく排他的権利の行使から生ずることがある弊害、例えば、実施がされないことを防止するため、実施権の強制的設定について規定する立法措置をとることができる。
> （3）　（2）に規定する弊害を防止するために実施権の

第5章　条　約

強制的設定では十分でない場合に限り、特許の効力を失わせることについて規定することができる。特許権の消滅又は特許の取消しのための手続は、実施権の最初の強制的設定の日から2年の期間が満了する前には、することができない。

(4)　実施権の強制的設定は、実施がされず又は実施が十分でないことを理由としては、特許出願の日から4年の期間又は特許が与えられた日から3年の期間のうちいずれか遅く満了するものが満了する前には、請求することができないものとし、また、特許権者がその不作為につきそれが正当であることを明らかにした場合には、拒絶される。強制的に設定された実施権は、排他的なものであつてはならないものとし、また、企業又は営業の構成部分のうち当該実施権の行使に係るものとともに移転する場合を除くほか、当該実施権に基づく実施権の許諾の形式によつても、移転することができない。

① 　パリ条約5条A(2)

　強制実施権の設定について各同盟国に立法措置をとることを認めている。この強制実施権には、わが国における「不実施の場合の通常実施権」（特83条）に相当するものが含まれる。

　パリ条約5条A(2)の「弊害」の例には、不実施が挙げられているが、実施が十分でない場合、実施はしていても正当な条件での実施権を許諾することを拒否して当該国の産業の発達を阻害している場合、十分な品質を持つ特許品が国内市場に供給されていない場合、その特許品にきわめて高価な価格を付している場合を「弊害」として考えることもできる。何を「弊害」とするかは各同

**第1節　パリ条約の概要**

**発展知識**
　なお、本規定で取り扱われている立法措置は、「特許にもとづく排他的権利の行使から生ずることがある弊害を防止するため」のものであるので、それ以外の公共の利益の面からの立法措置、たとえば、国防や公衆衛生の面から必要な規制を各同盟国がとることは自由であり、また利用発明の場合においても同様であるとされている。

37

盟国が定めることができる（『特許関係条約』p72）。

② パリ条約5条A(4)前段

強制実施権の設定にあたり一定の猶予期間を与える必要があり、また、正当理由も考慮する必要がある（パリ5条A(4)前段）。なお、わが国の特許法83条では「一定の猶予期間」を与え、また、同法85条2項では「正当理由」も考慮する。

③ パリ条約5条A(4)後段

（i） 強制実施権の性質

強制実施権は排他的なものであってはならない（パリ5条A(4)後段）。したがって、強制実施権を有する者は、特許権者の実施行為や第三者への実施許諾行為を排除できない。

（ii） 強制実施権の移転の制限

強制実施権は「企業又は営業の構成部分のうち当該実施権の行使に係るものとともに」移転する場合を除くほか移転できない（パリ5条A(4)後段）。したがって、強制実施権の移転は、「実施の事業とともに」でなければすることができない。実施能力と分離して移転するのでは実施が確保されないことによる。

「当該実施権に基づく実施権の許諾の形式」（同条A(4)）とは、通常実施権（特78条）の再実施権ないしサブライセンスをいう。

④ パリ条約5条A(3)

各同盟国が取消し等によって特許を失効させる措置をとることを認めている。

**(3) パリ条約5条A(5)**

> **パリ条約第5条 不実施・不使用に対する措置、特許・登録の表示**
> A(5) (1)から(4)までの規定は、実用新案に準用する。

---

**補足説明**
なお、わが国の特許法83条では、強制実施権（裁定実施権）として「通常実施権」を規定している。この「通常実施権」は、専用実施権（特77条2項）とは異なり、排他性を有しない（特78条2項）。

**補足説明**
なお、わが国の特許法94条3項では「強制実施権の移転」を制限している。同項については、TRIPS協定31条(e)の規定に従い、平成6年の一部改正により「相続その他の一般承継の場合」が削除されて現在の内容に変更された。

**補足説明**
わが国では、不実施に対する制裁としてあまりに苛酷との理由から、失効（例：特許の取消し）について規定されていない。

## （4）パリ条約5条B

> **パリ条約第5条　不実施・不使用に対する措置、特許・登録の表示**
> B　意匠の保護は、当該意匠の実施をしないことにより又は保護される意匠に係る物品を輸入することによつては、失われない。

① 意匠の不実施

　意匠の保護は、当該意匠の実施をしないことにより失われることはない。意匠の性質上、特許の場合ほど国内における実施を求める必要性が薄いことによる。

　パリ条約5条Bの規定によると、意匠の不実施による強制実施権の制度を国内法令で定めることを禁止していない。わが国意匠法では、不実施による強制実施権について規定されていない。

② 意匠に係る物品の輸入

　保護される意匠に係る物品を輸入する場合にも意匠の保護が失われることはない。なお、パリ条約5条Bは、パリ条約5条A(1)と同様に、輸入する行為について規定している。しかしながら、パリ条約5条Bは、「同盟国で製造された意匠に係る物」に限られない点で、「同盟国で製造された特許に係る物」に限られるパリ条約5条A(1)と異なる。すなわち、パリ条約5条Bでは、「同盟国以外の国で製造された意匠に係る物」も対象とされる。

③ その他

　意匠については、各国における保護の態様が多様であることから、パリ条約における規定は少なく、「意匠は、すべての同盟国において保護される」（パリ5条の5）と規定しているにすぎない。パリ条約5条の5の規定は、意匠を保護する義務を各同盟国に課したにとどまり、その保護のあり方についてはとくに規定されていな

いので、同盟国は著作権に関する法令による意匠の保護、あるいは不正競争の防止に関する法令による意匠の保護によっても、この規定の義務を満たすことができる。意匠の保護のための特別法令による保護が含まれていることは当然であり、そのときには保護すべき意匠の範囲、登録の要件、保護期間等については各同盟国が定めることができる（『特許関係条約』p76、77）。

## (5) パリ条約5条C(1)、(2)

**パリ条約第5条　不実施・不使用に対する措置、特許・登録の表示**

C(1)　登録商標について使用を義務づけている同盟国においては、相当の猶予期間が経過しており、かつ、当事者がその不作為につきそれが正当であることを明らかにしない場合にのみ、当該商標の登録の効力を失わせることができる。

(2)　商標の所有者が1の同盟国において登録された際の形態における商標の識別性に影響を与えることなく構成部分に変更を加えてその商標を使用する場合には、その商標の登録の効力は、失われず、また、その商標に対して与えられる保護は、縮減されない。

① パリ条約5条C(1)

本規定は、商標について登録制度を有し、かつ、登録商標の使用を義務付けている同盟国に適用される。登録主義を採用しているか使用主義を採用しているかを問わない。

「相当の猶予期間が経過しており」、かつ、「当事者がその不作為につきそれが正当であることを明らかにしない」場合にのみ、当該商標の登録の効力を失わせることができる。

② パリ条約5条C(2)

　同盟国の2ヵ国以上に同一の商標が登録されている場合に、1国では登録された形態で使用していても他の同盟国ではその国に適応させるため言語の相違等の理由から翻訳したものが使用されるとき等に本規定は有効に働くと考えられるが、そのような場合だけに限られるのではない（『特許関係条約』p79）。

## (6) パリ条約5条D

> **パリ条約第5条　不実施・不使用に対する措置、特許・登録の表示**
>
> D　権利の存在を認めさせるためには、特許の記号若しくは表示又は実用新案、商標若しくは意匠の登録の記号若しくは表示を産品に付することを要しない。

　特許、実用新案、意匠又は商標が登録され、権利として保護されていることを明らかにするために、特許表示あるいは登録表示を行うことは通常行われており、それを産品に付することにより第三者にその権利の存在を知らせることは有益であることが多い。

　この表示に関して、パリ条約5条Dに規定し、特許表示又は登録表示を権利の保護を受けるための条件とすることはできないとしている。このような表示を怠ったというだけで保護を受けられないことになるのは、権利者にあまりに酷であると考えられたからのようである。しかし、この表示を怠った場合について、同盟国がこれ以外の制裁、たとえば軽罪にするとか、あるいは侵害者の悪意が権利者により立証される必要がある等を規定するのは、同盟国に許容された自由であるといわれている（『特許関係条約』p66、67）。

## 9 パリ条約第11条

### パリ条約第11条　博覧会出品の仮保護

(1)　同盟国は、いずれかの同盟国の領域内で開催される公の又は公に認められた国際博覧会に出品される産品に関し、国内法令に従い、特許を受けることができる発明、実用新案、意匠及び商標に仮保護を与える。

(2)　(1)の仮保護は、第4条に定める優先期間を延長するものではない。後に優先権が主張される場合には、各同盟国の主管庁は、その産品を博覧会に搬入した日から優先期間が開始するものとすることができる。

(3)　各同盟国は、当該産品が展示された事実及び搬入の日付を証明するために必要と認める証拠書類を要求することができる。

　国際博覧会は世界の貿易振興や技術の国際交流に重要な役割を果たすものゆえ、そこへの産品の出品は大いに奨励されるべきである。

　しかし、その博覧会に出品したことにより新規性を喪失したとして特許を受けられなくなったり出品物に関する意匠や商標を模倣盗用されたりする場合があり、これに対して保護を十分に与えないとすると、出品意欲が減退し、博覧会自体の振興が図れないばかりでなく、工業所有権の国際的保護を図らんとするパリ条約の目的にも反する。

　そこで、国際博覧会への出品物に関する工業所有権に対し、仮保護を与えることを同盟国に義務付ける旨の規定を設けた（パリ11条(1)）。ただし、属地主義のもと、仮保護の内容は各同盟国の国内法令に委ねられる。

　なお、博覧会出品の保護の必要性は、パリ条約締結の原

動力となったものであり、仮保護に関する本条の規定は、条約締結当初から盛り込まれている。

① 対象となる博覧会

「いずれかの同盟国の領域内で開催される博覧会であること」と規定していることから、各国は、仮保護を自国で開催される博覧会のみに限定して与えることはできない。

「国際博覧会であること」が必要である。ここにいう「国際博覧会」とは、条約上定義はないが、少なくとも博覧会の出品物中に外国からの出品を含まなければならないことを意味する。

② 仮保護の対象となる工業所有権

仮保護は、上記博覧会に出品される産品に関し、「特許を受けることができる発明」、「実用新案」、「意匠」及び「商標」に対し与えられる（パリ11条(1)）。したがって、**各同盟国は、「サービス・マーク」や「商号」について仮保護を与える義務がないが、それらに保護を与えるのは各国の自由である。**

③ 仮保護の内容

同盟国は、国内法令に従い仮保護を与える（パリ11条(1)）。したがって、各同盟国は、上記工業所有権に対しなんらかの仮保護を与えるための必要な措置をとることが要求されるが（パリ25条）、その保護の方法は各国の国内法令に従って自由に定め得る。属地主義を前提とするパリ条約の調整法的性格の表れである。

仮保護の内容としては、具体的には所定の期間内に行使されないときにその限度において消滅する一時的なもの、たとえば「パリ条約4条に定める優先権に類するもの」が挙げられる。また、「新規性を例外的に喪失させないようにするもの」、「出品者を第三者の冒認から保護するもの」又は「出品者に対して先使用権を付与するもの」等もあり得る。

**補足説明**

わが国では、特定博覧会についても新規性喪失の例外として取り扱う旨の仮保護を与え（特30条2項、実11条1項で準用する特30条及び意4条2項）、また、出願時の特例として、その出品のときに商標登録出願したものとみなす旨の仮保護を与えている（商9条1項）。

**補足説明**
　なお、わが国では、証拠書類の提出が要求され、その提出期間は、出願日から30日以内とされる（特30条3項等）。

　各同盟国は、当該産品が展示された事実及び搬入の日付を証明するために必要と認める証拠書類を要求できる（パリ11条(3)）。出品物と出願の対象との同一性の判断等に利用するためである。この証拠書類としては、たとえば「博覧会の主催者等が発行する展示事実と搬入日とを示す証明書」等が挙げられる。

④　パリ条約4条の優先権との関係

　「この仮保護は、4条に定める優先期間を延長するものではない」（パリ11条(2)前段）とされており、自由に定め得るとされる仮保護の内容に、一定の制限が課されている。

　したがって、仮保護としてパリ条約4条の優先権に類するものを付与する同盟国において、その仮保護とパリ条約4条の優先権とが同時に主張されたとしても、優先期間（パリ4条Ｃ(1)）に仮保護の期間を積み重ねて保護することはできない。このような積み重ねを認めると、優先期間の実質的延長を認めることとなり、出願人と第三者との利益の調和を図るべく優先期間を厳格に定めた趣旨が没却されるからである。

　ただし、後に優先権が主張される場合には、各同盟国の主管庁は、その産品を博覧会に搬入した日から優先期間が開始するものとすることができる（パリ11条(2)後段）。かかる取扱いを認めたのは、各国に、積み重ねを禁ずる規定（同条(2)前段）に反することなく、パリ条約4条の優先権と優先権に類似する仮保護とを同時に与える余地を残さんとしたためである。

## 10 パリ条約第10条の2、3

**パリ条約第10条の2　不正競争行為の禁止**

(1)　各同盟国は、同盟国の国民を不正競争から有効
に保護する。

(2)　工業上又は商業上の公正な慣習に反するすべて
の競争行為は、不正競争行為を構成する。

(3)　特に、次の行為、主張及び表示は、禁止される。

　1　いかなる方法によるかを問わず、競争者の営業
所、産品又は工業上若しくは商業上の活動との混
同を生じさせるようなすべての行為

　2　競争者の営業所、産品又は工業上若しくは商業
上の活動に関する信用を害するような取引上の虚
偽の主張

　3　産品の性質、製造方法、特徴、用途又は数量に
ついて公衆を誤らせるような取引上の表示及び主
張

**第10条の3　商標・商号の不正付着、原産地等の虚偽
表示、不正競争行為を防止するための法律上の措置**

(1)　同盟国は、第9条から前条までに規定するすべ
ての行為を有効に防止するための適当な法律上の
救済手段を他の同盟国の国民に与えることを約束
する。

(2)　同盟国は、更に、利害関係を有する生産者、製
造者又は販売人を代表する組合又は団体でその存
在が本国の法令に反しないものが、保護が要求さ
れる同盟国の法令により国内の組合又は団体に認
められている限度において、第9条から前条まで
に規定する行為を防止するため司法的手段に訴え
又は行政機関に申立てをすることができることと

なるように措置を講ずることを約束する。

① 概要

パリ条約では、工業所有権の保護は「不正競争の防止」をも含むものであるとされている（パリ1条(2)）。そのうえで、パリ条約10条の2(1)で不正競争の防止についての原則を明らかにし、(2)及び(3)では、不正競争行為の定義及び例示がされている。パリ条約10条の2は、ブラッセル改正条約で追加された規定である。

② パリ条約10条の2(1)

各同盟国は、同盟国の国民を不正競争から有効に保護する義務を負うが、その保護は、不正競争の防止のための特別な立法によるものに限られず、その国の民法あるいはコモンローの原則による等の一般法令によるものであっても、有効な保護ができるものであればよいと考えられている（『特許関係条約』p99、100）。

どのような行為が不正競争の行為であるかについては規定されていないので、保護すべき不正競争行為は各同盟国が定めることができるけれども、パリ条約10条の2(2)及び(3)には不正競争行為の定義及び例示がされているので、これらについては、有効な保護をすることが必要になる（『特許関係条約』p100）。

③ パリ条約10条の2(2)

パリ条約10条の2(2)に規定する「競争」というのは、たとえば、同一の産業分野又は取引分野の中でのみ考えるのかあるいは他の分野にまで広がる場合もあると考えるのかという問題や、「工業上又は商業上の公正な慣習に反する」かどうかの問題は、各同盟国によって定められるものである（『特許関係条約』p100）。

④ パリ条約10条の2(3)

パリ条約10条の2(3)では、3種類の例を挙げ、それらは不正競争行為として禁止すべきものであるとして

46

いる。この例示は、最小限のものとして挙げられた例示的列挙であって制限的列挙ではないので、それ以外の行為は禁止されないということにはならないが、少なくともここに挙げられた行為については各同盟国に共通に適用されることになるので、各国に共通な統一法規としての意味をも有することになる（『特許関係条約』p100）。

⑤　その他

同盟国は、パリ条約10条の2に規定する行為を有効に防止するための適当な法律上の救済手段を他の同盟国の国民に与えることを約束する（パリ10条の3(1)）。同盟国は、さらに、利害関係を有する生産者、製造者又は販売人を代表する組合又は団体でその存在が本国の法令に反しないものが、保護が要求される同盟国の法令により国内の組合又は団体に認められている限度において、パリ条約10条の2に規定する行為を防止するため司法的手段に訴え又は行政機関に申立てをすることができることとなるように措置を講じることを約束する（パリ10条の3(2)）。

パリ条約10条の3の規定によって、各同盟国は、他の同盟国の国民に適当な法律上の救済手段を与える義務を負うとともに、このような利害関係を有する組合又は団体に司法的手段に訴え又は行政機関に申立てをすることができるような措置について立法をする義務を負っていることになる（『特許関係条約』p98）。

**補足説明**
パリ条約10条の3は、パリ条約10条の2に規定する不正競争行為の防止の場合のみならず、パリ条約9条に規定する商標・商号の不法付着の取締及びパリ条約10条に規定する原産地等の虚偽表示の取締の場合についても同様に適用される。

**補足説明**
わが国では、不正競争の防止のために、不正競争防止法が制定されている。

## 11　パリ条約第6条の2

### パリ条約第6条の2　周知商標の保護

(1)　同盟国は、1の商標が、他の1の商標でこの条約の利益を受ける者の商標としてかつ同一若しくは類似の商品について使用されているものとしてそ

の同盟国において広く認識されているとその権限のある当局が認めるものの複製である場合又は当該他の1の商標と混同を生じさせやすい模倣若しくは翻訳である場合には、その同盟国の法令が許すときは職権をもつて、又は利害関係人の請求により、当該1の商標の登録を拒絶し又は無効とし、及びその使用を禁止することを約束する。1の商標の要部が、そのような広く認識されている他の1の商標の複製である場合又は当該他の1の商標と混同を生じさせやすい模倣である場合も、同様とする。

(2)　(1)に規定する商標の登録を無効とすることの請求については、登録の日から少なくとも5年の期間を認めなければならない。同盟国は、そのような商標の使用の禁止を請求することができる期間を定めることができる。

(3)　悪意で登録を受け又は使用された商標の登録を無効とし又は使用を禁止することの請求については、期間を定めないものとする。

① 概要

　周知商標は当該国で登録されていない外国のものであっても保護すべきである。そこで、周知商標の保護に関するパリ条約6条の2が規定された。パリ条約6条の2は、ヘーグ改正条約で追加され、その後ロンドン改正条約及びリスボン改正条約で修正がなされた。

② パリ条約6条の2(1)

　「1の商標」は、パリ条約6条の2(1)により規制される商標である。

　「他の1の商標」は、パリ条約6条の2(1)により保護される商標であり、この条約の利益を受ける者（同盟国民又は準同盟国民（パリ2条、パリ3条））の周知商標

---

**補足説明**

　なお、わが国では、周知商標について商標法4条1項10号の規定が設けられ、また、同規定の違反を理由に出願が拒絶され（商15条1号）、商標登録が無効にされている（商46条1項1号）ほか、登録異議申立ての理由になっている（商43条の2第1号）。また、不正競争防止法では、周知商標についての差止請求（不競2条1項1号、不競3条）が認められている。

である。すなわち、「他の１の商標」は、登録国又は使用国である同盟国において同一若しくは類似の商品について使用されているものとして広く認識されているとその同盟国の権限のある当局が認めるものである。

そして、「１の商標」が「他の１の商標」の複製である場合又は「他の１の商標」と混同を生じさせやすい模倣若しくは翻訳である場合には、規制を受ける（パリ６条の２(1)前段）。また、「１の商標」の要部が、「他の１の商標」の複製である場合又は「他の１の商標」と混同を生じさせやすい模倣である場合にも、同様に規制を受ける（同条(1)後段）。

規制の内容は、「１の商標」の登録を拒絶し又は無効とすること、及び「１の商標」の使用を禁止することである。このような登録拒絶、登録無効及び使用禁止は、同盟国の法令が許すときは職権をもって、又は利害関係人の請求により、なされることになる。

③　パリ条約６条の２(2)及び(3)

周知商標の所有者には、その模倣等の商標登録に対処するために十分な期間を与えるべきである（『特許関係条約』p81）。そのため、商標登録を無効とすることの請求については、登録の日から少なくとも５年の期間を認めなければならない（パリ６条の２(2)前段）。言い換えると、除斥期間を設ける場合は、５年未満であってはならない。ただし、悪意で登録を受けた場合には、期間の定めはない（同条(3)）。

また、使用の禁止を請求することができる期間を定めることができるが（同条(2)後段）、悪意で登録を受けた場合には、同様に期間の定めはない（同条(3)）。

**補足説明**
なお、わが国では、商標登録の無効審判についての除斥期間が定められている（商47条１項）。商標法では使用禁止についてはとくに定められていない。その他に、不正使用による商標登録取消審判が設けられている（商51条、商53条）。

## 12 その他のパリ条約上の規定

### 第4条の3　発明者掲載権

発明者は、特許証に発明者として記載される権利を有する。

### 第4条の4　販売が法律によつて制限されている物に係る発明の特許性

特許の対象である物の販売又は特許の対象である方法によつて生産される物の販売が国内法令上の制限を受けることを理由としては、特許を拒絶し又は無効とすることができない。

### 第5条の2　工業所有権の存続のための料金納付の猶予期間、特許の回復

(1)　工業所有権の存続のために定められる料金の納付については、少なくとも6箇月の猶予期間が認められる。ただし、国内法令が割増料金を納付すべきことを定めている場合には、それが納付されることを条件とする。

(2)　同盟国は、料金の不納により効力を失つた特許の回復について定めることができる。

### 第5条の3　特許権の侵害とならない場合

次のことは、各同盟国において、特許権者の権利を侵害するものとは認められない。

1　当該同盟国の領水に他の同盟国の船舶が一時的に又は偶発的に入つた場合に、その船舶の船体及び機械、船具、装備その他の附属物に関する当該特許権者の特許の対象である発明をその船舶内で専らその船舶の必要のために使用すること。

2 当該同盟国に他の同盟国の航空機又は車両が一
時的に又は偶発的に入つた場合に、その航空機若
しくは車両又はその附属物の構造又は機能に関す
る当該特許権者の特許の対象である発明を使用す
ること。

### 第5条の4　物の製造方法の特許の効力
ある物の製造方法について特許が取得されている同
盟国にその物が輸入された場合には、特許権者は、輸
入国で製造された物に関して当該特許に基づきその国
の法令によつて与えられるすべての権利を、その輸入
物に関して享有する。

### 第5条の5　意匠の保護
意匠は、すべての同盟国において保護される。

### 第6条　商標の登録の条件、各国の商標保護の独立
(1)　商標の登録出願及び登録の条件は、各同盟国に
おいて国内法令で定める。
(2)　もつとも、同盟国の国民がいずれかの同盟国に
おいて登録出願をした商標については、本国にお
いて登録出願、登録又は存続期間の更新がされて
いないことを理由として登録が拒絶され又は無効
とされることはない。
(3)　いずれかの同盟国において正規に登録された商
標は、他の同盟国（本国を含む。）において登録さ
れた商標から独立したものとする。

### 第6条の3　国の紋章等の保護
(1)(a)　同盟国は、同盟国の国の紋章、旗章その他の
記章、同盟国が採用する監督用及び証明用の公

の記号及び印章並びに紋章学上それらの模倣と認められるものの商標又はその構成部分としての登録を拒絶し又は無効とし、また、権限のある官庁の許可を受けずにこれらを商標又はその構成部分として使用することを適当な方法によつて禁止する。

(b)　(a)の規定は、1又は2以上の同盟国が加盟している政府間国際機関の紋章、旗章その他の記章、略称及び名称についても、同様に適用する。ただし、既に保護を保障するための現行の国際協定の対象となつている紋章、旗章その他の記章、略称及び名称については、この限りでない。

(c)　いずれの同盟国も、この条約がその同盟国において効力を生ずる前に善意で取得した権利の所有者の利益を害して(b)の規定を適用することを要しない。(a)に規定する使用又は登録が、当該国際機関と当該紋章、旗章、記章、略称若しくは名称との間に関係があると公衆に暗示するようなものでない場合又は当該使用者と当該国際機関との間に関係があると公衆に誤つて信じさせるようなものと認められない場合には、同盟国は、(b)の規定を適用することを要しない。

(2)　監督用及び証明用の公の記号及び印章の禁止に関する規定は、当該記号又は印章を含む商標が当該記号又は印章の用いられている商品と同一又は類似の商品について使用されるものである場合に限り、適用する。

(3)(a)　(1)及び(2)の規定を適用するため、同盟国は、国の記章並びに監督用及び証明用の公の記号及

び印章であつて各国が絶対的に又は一定の限度までこの条の規定に基づく保護の下に置くことを現に求めており又は将来求めることがあるものの一覧表並びにこの一覧表に加えられるその後のすべての変更を、国際事務局を通じて、相互に通知することに同意する。各同盟国は、通知された一覧表を適宜公衆の利用に供する。もつとも、その通知は、国の旗章に関しては義務的でない。

(b) (1)(b)の規定は、政府間国際機関が国際事務局を通じて同盟国に通知した当該国際機関の紋章、旗章その他の記章、略称及び名称についてのみ適用する。

(4) 同盟国は、異議がある場合には、(3)の通知を受領したときから12箇月の期間内においては、その異議を国際事務局を通じて関係国又は関係政府間国際機関に通報することができる。

(5) (1)の規定は、国の旗章に関しては、1925年11月6日の後に登録される商標についてのみ適用する。

(6) 前記の諸規定は、同盟国の国の記章（旗章を除く。）、公の記号及び印章並びに政府間国際機関の紋章、旗章その他の記章、略称及び名称に関しては、(3)の通知を受領した時から2箇月を経過した後に登録される商標についてのみ適用する。

(7) 同盟国は、国の記章、記号又は印章を含む商標で1925年11月6日前に登録されたものについても、その登録出願が悪意でされた場合には、当該登録を無効とすることができる。

(8) 各同盟国の国民であつて自国の国の記章、記号又は印章の使用を許可されたものは、当該記章、

記号又は印章が他の同盟国の国の記章、記号又は
印章と類似するものである場合にも、それらを使
用することができる。

(9)　同盟国は、他の同盟国の国の紋章については、
その使用が商品の原産地の誤認を生じさせるよう
なものである場合には、許可を受けないで取引に
おいてその紋章を使用することを禁止することを
約束する。

(10)　前記の諸規定は、各同盟国が、国の紋章、旗章
その他の記章、同盟国により採用された公の記号
及び印章並びに(1)に規定する政府間国際機関の識
別記号を許可を受けないで使用している商標につ
き、第6条の5B3の規定に基づいてその登録を
拒絶し又は無効とすることを妨げない。

### 第6条の4　商標の譲渡

(1)　商標の譲渡が、同盟国の法令により、その商標
が属する企業又は営業の移転と同時に行われると
きにのみ有効とされている場合において、商標の
譲渡が有効と認められるためには、譲渡された商
標を付した商品を当該同盟国において製造し又は
販売する排他的権利とともに、企業又は営業の構
成部分であつて当該同盟国に存在するものを譲受
人に移転すれば足りる。

(2)　(1)の規定は、譲受人による商標の使用が、当該
商標を付した商品の原産地、性質、品位等につい
て事実上公衆を誤らせるようなものである場合に、
その商標の譲渡を有効と認める義務を同盟国に課
するものではない。

第5章　条　約

## 第6条の6　サービス・マークの保護

　同盟国は、サービス・マークを保護することを約束する。同盟国は、サービス・マークの登録について規定を設けることを要しない。

## 第6条の7　代理人、代表者による商標の登録・使用の規制

(1)　同盟国において商標に係る権利を有する者の代理人又は代表者が、その商標に係る権利を有する者の許諾を得ないで、1又は2以上の同盟国においてその商標について自己の名義による登録の出願をした場合には、その商標に係る権利を有する者は、登録異議の申立てをし、又は登録を無効とすること若しくは、その国の法令が認めるときは、登録を自己に移転することを請求することができる。ただし、その代理人又は代表者がその行為につきそれが正当であることを明らかにしたときは、この限りでない。

(2)　商標に係る権利を有する者は、(1)の規定に従うことを条件として、その許諾を得ないでその代理人又は代表者が商標を使用することを阻止する権利を有する。

(3)　商標に係る権利を有する者がこの条に定める権利を行使することができる相当の期間は、国内法令で定めることができる。

## 第7条　商標の使用される商品の性質の無制約

　いかなる場合にも、商品の性質は、その商品について使用される商標が登録されることについて妨げとはならない。

第1節　パリ条約の概要

55

### 第7条の2　団体商標の保護

(1)　同盟国は、その存在が本国の法令に反しない団
体に属する団体商標の登録を認めかつ保護するこ
とを約束する。その団体が工業上又は商業上の営
業所を有しない場合も、同様とする。

(2)　各同盟国は、団体商標の保護について特別の条
件を定めることができるものとし、また、公共の
利益に反する団体商標についてその保護を拒絶す
ることができる。

(3)　もつとも、その存在が本国の法令に反しない団
体に対しては、保護が要求される同盟国において
設立されていないこと又は保護が要求される同盟
国の法令に適合して構成されていないことを理由
としては、その団体に属する団体商標の保護を拒
絶することができない。

### 第8条　商号の保護

　商号は、商標の一部であるかどうかを問わず、すべ
ての同盟国において保護されるものとし、そのために
は、登記の申請又は登記が行われていることを必要と
しない。

### 第9条　商標・商号の不法付着の取締

(1)　不法に商標又は商号を付した産品は、その商標
又は商号について法律上の保護を受ける権利が認
められている同盟国に輸入される際に差し押さえ
られる。

(2)　差押えは、また、産品に不法に商標若しくは商
号を付する行為が行われた同盟国又はその産品が
輸入された同盟国の国内においても行われる。

(3)　差押えは、検察官その他の権限のある当局又は

利害関係人（自然人であるか法人であるかを問わない。）の請求により、各同盟国の国内法令に従つて行われる。

(4) 当局は、通過の場合には、差押えを行うことを要しない。

(5) 同盟国の法令が輸入の際における差押えを認めていない場合には、その差押えの代わりに、輸入禁止又は国内における差押えが行われる。

(6) 同盟国の法令が輸入の際における差押え、輸入禁止及び国内における差押えを認めていない場合には、その法令が必要な修正を受けるまでの間、これらの措置の代わりに、その同盟国の法令が同様の場合に内国民に保障する訴訟その他の手続が、認められる。

### 第10条　原産地等の虚偽表示の取締

(1) 前条の規定は、産品の原産地又は生産者、製造者若しくは販売人に関し直接又は間接に虚偽の表示が行われている場合についても適用する。

(2) (1)の産品の生産、製造又は販売に従事する生産者、製造者又は販売人であつて、原産地として偽つて表示されている土地、その土地の所在する地方、原産国と偽つて表示されている国又は原産地の虚偽の表示が行われている国に住所を有するものは、自然人であるか法人であるかを問わず、すべての場合において利害関係人と認められる。

### 第12条　工業所有権の特別の部局、中央資料館の設置等

(1) 各同盟国は、工業所有権に関する特別の部局並びに特許、実用新案、意匠及び商標を公衆に知ら

せるための中央資料館を設置することを約束する。

(2) (1)の部局は、定期的な公報を発行し、次に掲げるものを規則的に公示する。

(a) 特許権者の氏名及びその特許発明の簡単な表示

(b) 登録された商標の複製

## 第18条　条約の改正

(1) この条約は、同盟の制度を完全なものにするような改善を加えるため、改正に付される。

(2) このため、順次にいずれかの同盟国において、同盟国の代表の間で会議を行う。

(3) 第13条から前条までの規定の修正は、前条の規定に従つて行う。

## 第19条　特別の取極

同盟国は、この条約の規定に抵触しない限り、別に相互間で工業所有権の保護に関する特別の取極を行う権利を留保する。

## 事例解答

複数の国に直接出願する場合、パリ条約に基づく優先権制度を利用すると便利である。

例えば、2021年4月1日に日本に特許出願し、12か月後の2022年4月1日にベトナムに特許出願したとする。日本の特許出願に関する新規性や進歩性の判断の基準日等は「2021年4月1日」であるが、パリ条約に基づく優先権を主張することで、後のベトナムへの特許出願に関する新規性や進歩性の判断の基準日等についても、日本への特許出願の日（「優先日」と言います）である2021年4月1日に出願されたものと同様の取扱いを受けることができる。

直接出願（イメージ）

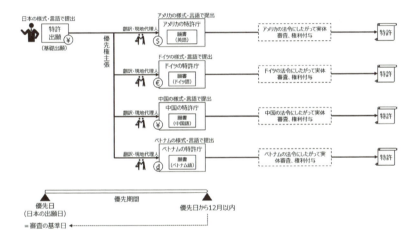

2021年度知的財産権制度説明会（初心者向け）テキスト『知的財産権制度入門』P101,102より

# PCTの概要

重要度 ★★★

## 事例問題

多くの国で特許権を取得したい場合、あるいはそれぞれの特許庁にそれぞれの様式・手続で直接出願する煩雑さを避けたい場合等には、どのような出願方法が便利だろうか？　　　　　　　　　　　　　　⇒解答は85頁

### 学習到達目標

① PCTの概要を理解
②手続規定であるため、その手続の概略を理解
③特許法184条の3以降の規定とリンクしているので、必ず相互関係を意識

★　目標到達までのチェックポイント
☑手続の概略を理解したか。
☑特許法184条の3以降の規定とPCTとの関係を理解したか。

▼　他の項目との関連性

**特許法184条の3以降**
「特許法184条の3以降」と大きな関連性を有する。つねに特許法184条の3以降の規定を意識しておきたい。

## 1 概要

### (1) パリ条約との関係

PCTは、パリ条約の組織の枠内で締結された「特別の取極」の１つである。特許の分野における国際協力を図ることを目的として、1978年１月24日に発効した。

この「特別の取極」については、パリ条約19条に規定されている。

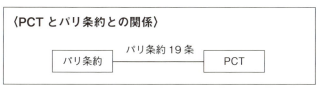

〈PCTとパリ条約との関係〉

PCT締約国は、パリ同盟国でもある（PCT62条(1)）。PCTのいかなる規定も、パリ条約の締約国の国民又は居住者のPCTにもとづく権利を縮減するものと解してはならない（PCT１条(2)）。

なお、PCT締約国は、国際特許協力同盟を形成する（PCT１条(1)）。この国際特許協力同盟は、発明の保護のための出願並びにその出願に係る調査及び審査における協力のため並びに特別の技術的業務の提供のためのものである（同条）。

### (2) PCTの構成

PCTは、前文及び69ヵ条の条約からなり、その条約の細目を定めた規則を有する（PCT58条）。

69ヵ条の条約は、次のように区分されている。

序 （１条、２条）
第１章 国際出願及び国際調査（３条～30条）
第２章 国際予備審査（31条～42条）
第３章 共通規定（43条～49条）
第４章 技術的業務の提供（50条～52条）
第５章 管理規定（53条～58条）

**補足説明**

「パリ条約第19条 特別の取極」

同盟国は、この条約の規定に抵触しない限り、別に相互間で工業所有権の保護に関する特別の取極を行う権利を留保する。

工業所有権の保護に関する事項であってパリ条約に規定されていないものや、パリ条約に規定されているものよりさらに保護を厚くしようとするものについては、改正条約としてすべてのパリ同盟国の同意が得られないときでも、特定の同盟国間で合意ができることがある。また、特定の同盟国間でその必要性が生じることもある。パリ条約19条はそのようなことを考慮して規定されたものである。

**補足説明**

規則の細目として実施細則がある。この実施細則は、総会の監督のもとにおいて事務局長により作成され公示される（PCT規則89）。

なお、ここにいう総会とは、PCT締約国で構成される最高意思決定機関をいう。また、ここにいう事務局長とは、世界知的所有権機関（WIPO：World Intellectual Property Organization）の国際事務局の事務局長をいう。

第6章　紛争（59条）

第7章　改正及び修正（60条、61条）

第8章　最終規定（62条〜69条）

PCTの第2章について、各締約国は留保することができる（PCT64条(1)）。しかし、現在では、前記留保をしている締約国はない。

**用語**

「留保」とは、国が条約の特定の規定の自国への適用上その法的効果を排除し又は変更することを意図して、条約への署名、条約の批准、受諾もしくは承認又は条約への加入の際に単独で行う声明をいう（ウィーン条約2条(1)(d)）。

### (3) PCT に登場する主体

① 国際出願の出願人

② 受理官庁（RO）

RO は、Receiving Office の略である。

③ 国際事務局（IB）

IB は、International Bureau の略である。

④ 国際調査機関（ISA）

ISA は、International Searching Authority の略である。

⑤ 国際予備審査機関（IPEA）

IPEA は、International Preliminary Examining Authority の略である。

⑥ 指定国ないしは指定官庁（DO）

DO は、Designed Office の略である。

⑦ 選択国ないしは選択官庁（EO）

EO は、Elected Office の略である。

なお、選択国は指定国でもある。また、選択官庁は指定官庁でもある。

62

## 2 PCTにおける手続

### (1) 手続の概略的な流れ

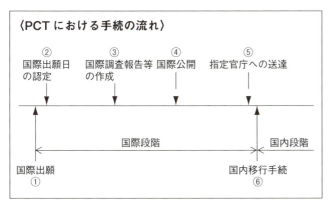

　PCTにおける手続は、国際段階と国内段階とに大別される。国際段階の手続は、受理官庁、国際事務局、国際調査機関及び国際予備審査機関によって行われる。また、国内段階は、各指定官庁（各選択官庁）によって行われる。

① 国際出願

　締約国における発明の保護のための出願を、PCTによる国際出願として行うことができる（PCT 3 条(1)）。

　国際出願は、所定の受理官庁にするものとする。受理官庁は、この条約及び規則の定めるところにより、国際出願を点検し及び処理する（PCT10 条）。ここにいう点検としては、たとえばPCT14 条に規定する事項の点検をいう。また、ここにいう処理としては、たとえば、受理した書類への日付と番号の付与をいう。

② 国際出願日の認定

　受理官庁は、所定の要件（国際出願日認定要件）が受理のときに満たされていることを確認することを条件として、国際出願の受理の日を国際出願日として認める（PCT11 条(1)）。この国際出願日認定要件は、PCT11 条(1)( i )～(iii)に掲げられている要件である。

　国際出願日認定要件が受理のときに満たしていないと

**補足説明**
　国際出願法では、「補充」の代わりに「補完」という文言を用いている（国願4条2項）。

判断したときは、受理官庁は、出願人に対し必要な補充を求める（PCT11条(2)）。

出願人がこれに応じないときは、受理官庁は、出願人に対して、その出願が国際出願として取り扱われないこと（否定的な決定）をその理由を示して速やかに通知する（PCT規則20.4(ⅰ)）。

否定的な決定がなされたときには、出願人は、指定官庁による検査を受けることが可能である（PCT25条）。なお、これに対応して、わが国では、特許法184条の20（決定により特許出願とみなされる国際出願）が規定されている。

③ 国際調査報告等の作成

国際調査機関は、関連のある先行技術を発見することを目的とする国際調査を行う（PCT15条(2)）。その国際調査が終了すると、調査結果は、国際調査報告（ISR：International Search Report）として所定の期間内に所定の形式でまとめられる（PCT18条(1)）。

国際調査機関は、国際調査報告を作成しない旨を宣言し（PCT17条(2)(a)）、その旨を出願人及び国際事務局に通知して国際調査を終了する場合がある。なお、不作成宣言は、国際出願の効果にはまったく影響を及ぼさない。国際公開の表紙に、その事実についての言及がされ、図面及び要約が掲載されない（PCT規則48.2(c)）。

国際調査報告には、国際調査報告を作成した国際調査機関の名称が記載され（PCT規則43.1）、かつ、関連のあると認められる文献が列記される（PCT規則43.5(a)）。

また、国際調査機関は、国際調査報告の作成の他に、新規性、進歩性及び産業上の利用可能性等に関する国際調査機関の見解書（ISO：International Search Opinion）を作成する（PCT規則43の2.1(a)）。

国際調査機関は、国際調査報告（ISR）と不作成宣言（PCT17条(2)(a)）のいずれか一方の書面及び見解書

（ISO）を、国際事務局（IB）及び出願人に各1通同一の日に送付する（PCT規則44.1）。

なお、出題人は国際調査に加えて、補充的な国際調査を請求できるようになった（PCT規則45の2）。

④　国際公開

国際事務局は、国際出願の国際公開を行う（PCT21条(1)）。原則として国際出願の優先日から18月を経過した後、速やかに国際公開が行われる（同条(2)(a)）。国際公開の言語、形式その他の細目が規則に定められている（PCT21条(4)、PCT規則48）。

国際調査報告は、規則の定めるところによって国際公開される（PCT21条(3)）。

⑤　指定官庁への送達

国際出願は、国際調査報告とともに、規則の定めるところにより各指定官庁に送達される（PCT20条(1)(a)本文）。この送達は、原則として国際段階の手続の終了を意味する。

この送達は、国際事務局が行うものであり（PCT規則47.1(a)）、国際出願の国際公開の後、速やかに行われる（同(b)）。

⑥　国内移行手続

国際出願の出願人は、優先日から30月を経過する時までに各指定官庁に対し、国際出願の写し（PCT20条の送達がすでにされている場合を除く）及び所定の翻訳文を提出し、また、該当する場合には国内手数料を支払う（PCT22条(1)1文）。

⑦　国際予備審査

国際予備審査の請求は、国際出願の出願人が任意に行うことができる手続である（PCT31条）。

この国際予備審査の請求は、国際調査報告等の送付の日から3ヵ月、又は優先日から22ヵ月のいずれか遅く満了する日までに行うことができる（PCT規則54の2）。

第2節　PCTの概要

**補足説明**
　現在では、先行技術に関する調査（国際調査）と特許性に関する審査（国際予備審査）とが別々になされているが、将来的には、国際調査と国際予備審査とを統合して手続の簡素化を図ることが予定されている。

国際予備審査の請求がなされると、国際予備審査機関は、予備的なかつ拘束力のない見解を示すことを目的とする国際予備審査を行う（PCT32条～34条）。その結果は、国際予備審査報告（IPER：International Preliminary Examination Report）として所定の期間内に所定の形式でまとめられる（PCT35条）。

⑧ 取下げ

国際出願の取下げ（PCT規則90の2.1）、指定の取下げ（PCT規則90の2.2）、優先権の主張の取下げ（PCT規則90の2.3）、及び、国際予備審査の請求又は選択の取下げ（PCT規則90の2.4）は、所定期間内に行うことができる。これらの取下げは、PCT23条(2)又は40条(2)の規定にもとづき、すでに国際出願の処理又は審査を開始している指定官庁又は選択官庁については、その効力を生じない（PCT規則90の2.6(a)）。

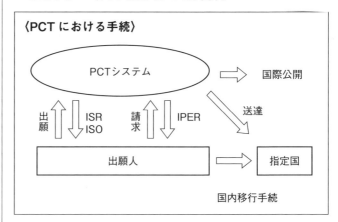

**(2) 4つの特徴的な手続**

① 国際出願
② 国際調査
③ 国際公開
④ 国際予備審査（第2章）

第5章 条　約

## 3　国際出願

**(1)** 国際出願とは、PCT に従ってされる出願をいい（PCT
2条（vii））、締約国における発明の保護のための出願を
いう（PCT 3 条 (1)）。なお、「出願」とは、発明の保
護のための出願をいう。「出願」というときは、特許、
発明者証、実用証、実用新案、追加特許、追加発明者証及
び追加実用証の出願をいうものとする（PCT 2 条(i)）。

**(2) 趣旨**

　複数の国において発明の保護が求められている場合に発
明の保護の取得を簡易かつ一層経済的なものにするために
（PCT 前文）、国際出願制度が設けられた。

**(3) 出願書類**

①　国際出願の要素

　国際出願には、願書、明細書、請求の範囲、必要な図
面及び要約が含まれる（PCT 3 条(2)）。

---

**〈わが国の特許出願と国際出願との関係〉**

| 特許出願 | | 国際出願 |
|---|---|---|
| 明細書<br>　発明の名称<br>　図面の簡単な説明<br>　発明の詳細な説明 | ⟺ | 明細書 |
| 特許請求の範囲 | ⟺ | 請求の範囲 |
| 図面 | ⟺ | 図面 |
| 要約書 | ⟺ | 要約 |

---

②　願書（PCT 4 条、PCT 規則 4 ）

　願書には、所定の申立てや、指定国、発明の名称等を
記載する（PCT 4 条）。

　なお、2002 年 9 月の PCT 同盟総会にて PCT 規則が

第2節　PCTの概要

改正され、願書に指定国を記載する必要がなくなった。出願時におけるPCT条約の締約国の「すべてを指定したものとみなす（みなし全指定）」こととする願書記載要件が緩和されたことによる。このように、国際出願をすると自動的にすべての締約国が指定されたものとみなされるようになったので、国の指定を1つ1つしなくても済む。

③　明細書（PCT5条、PCT規則5）

明細書には、当該技術分野の専門家が実施することができる程度に明確かつ十分に、発明を開示する（PCT5条）。→cf.特許法36条4項1号

④　請求の範囲（PCT6条、PCT規則6）

請求の範囲には、保護が求められている事項を明示する（PCT6条1文）。→cf.特許法36条5項前段

請求の範囲は、明確かつ簡潔に記載されていなければならない（同条2文）。→cf.特許法36条6項2号・3号

請求の範囲は、明細書により十分な裏付けがされていなければならない（同条3文）。→cf.特許法36条6項1号

PCT規則6→cf.特許法36条6項4号

⑤　図面（PCT7条、PCT規則7）

図面は、発明の理解に必要な場合に要求される。

一方、図面が発明の理解に必要でない場合であっても、発明の性質上図面によって説明することができるときは、出願人は、国際出願をするときに図面を国際出願に含めることができ、指定官庁は、出願人に対し、所定の期間内に図面を提出することを要求することができる（PCT7条、PCT規則7）。

発明の理解に必要な場合にだけ図面を要求する国内法令（例：わが国の特許法）と、つねに図面の添付を要求する国内法令（例：わが国の実用新案法）との間で、調和のとれた単一の規定に絞ることができず、このような並列したよ

第5章　条　　約

うな規定になっている（『特許協力条約逐条解説』p72）。

⑥　要約（PCT 3 条(3)、PCT 規則 8）

要約は、明細書、請求の範囲及び図面に含まれている開示の概要等から成る（PCT 規則 8.1）。→ cf. 特許法 36 条 7 項

なお、要約は、技術情報としてのみ用いるものとし、他の目的のため、とくに、求められている保護の範囲を解釈するために考慮に入れてはならない。→ cf. 特許法 70 条 3 項

⑦　国際出願に求められる条件

国際出願は、次の条件に従う（PCT 3 条(4)）。

（ⅰ）　所定の言語で作成すること（PCT 規則 12）

（ⅱ）　所定の様式上の要件を満たすこと（PCT 規則 3、PCT 規則 11）

（ⅲ）　所定の発明の単一性の要件を満たすこと（PCT 規則 13）

（ⅳ）　所定の手数料を支払うこと（PCT 規則 14 〜 16）

なお、所定の手数料には、受理官庁の手数料である送付手数料（PCT 規則 14）、国際事務局のための手数料である国際出願手数料（PCT 規則 15）、及び、国際調査機関の手数料である調査手数料（PCT 規則 16）がある。この国際出願手数料は、従来の基本手数料と指定手数料とを統合したものである。みなし全指定の採用により、指定国の数によって変動する手数料を一律料金にする改正が行われたからである。

**（4）出願人**

国際出願をすることができるのは、PCT 締約国の居住者及び国民である（PCT 9 条(1)）。居住者を国民より先に挙げているのは、居住者の方が当該国との経済的結び付きがより強いことを意識したからである（『特許協力条約逐

第2節　PCTの概要

**補足説明**
　PCT の条約において「所定の」の語を用いている場合には、その具体的な内容を規則で定めている。

69

条解説』p79)。

PCT 締約国ではない国であってもパリ同盟国の居住者及び国民に国際出願をすることを、総会決定で認める途が開かれている（PCT 9 条(2)）。言い換えると、「PCT 締約国の居住者及び国民」以外の者は、パリ同盟国民といえども、総会決定がなければ、国際出願をすることができない。

2 人以上の出願人がある場合（共同出願）において、出願人のうちの少なくとも 1 人が「PCT 締約国の居住者及び国民」であるときは、国際出願をすることができる（PCT 規則 18.3）。

**補足説明**
国内官庁とは、特許を与える任務を有する締約国の政府の当局をいう（PCT 2 条（ⅻ））。たとえば、わが国の特許庁（JPO：Japan Patent Office）やアメリカ合衆国の特許商標庁（USPTO：United States Patent and Trademark Office）等である。

**(5) 提出先**

国際出願は、所定の受理官庁に提出する（PCT10 条）。

受理官庁になり得るのは、出願人がその居住者又は国民である締約国の国内官庁のほか、国際事務局（RO ／ IB）である（PCT 規則 19.1(a)）。

**(6) 国際出願の効果**

① 国際出願日の認定

受理官庁は、次の要件が受理の時に満たされていることを確認することを条件として、国際出願の受理の日を国際出願日として認める（PCT11 条(1)）。

（ⅰ） 出願人が、当該受理官庁に国際出願をする資格を住所又は国籍上の理由により明らかに欠いている者でないこと

（ⅱ） 国際出願が所定の言語で作成されていること

（ⅲ） 国際出願に少なくとも次のものが含まれていること

　（a）国際出願をする意思の表示

　（b）少なくとも 1 の締約国の指定

　（c）出願人の氏名又は名称の所定の表示

(d) 明細書であると外見上認められる部分

(e) 請求の範囲であると外見上認められる部分

そして、国際出願日が認定されると、国際出願としての手続が開始されることになる。

② **国際出願日となる日**

国際出願日となる日としては、次の3つのいずれかである。

(ⅰ) 受理官庁が国際出願を受理した日（PCT11条(1)）

(ⅱ) 受理官庁が補充を受理した日（PCT11条(2)(b)）

(ⅲ) 受理官庁が不足図面を受理した日（PCT14条(2)）

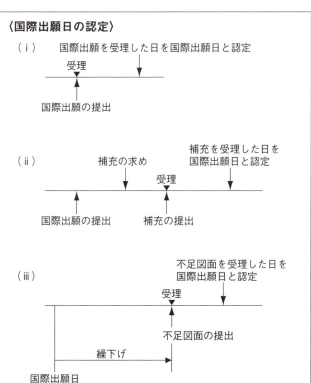

③ 国内出願の擬制効

所定要件を満たし、かつ、国際出願日の認められた国

際出願は、国際出願日から各指定国における正規の国内出願の効果を有するものとし、国際出願日は、各指定国における実際の出願日とみなされる（PCT11条(3)）。

このため、国際出願は「国内出願の束」であるといわれる。これがPCTの国際出願の最大の特徴であり、PCTはパリ条約1世紀にして新時代を切り開いた条約であると評価される一因でもある。

④　優先権の発生

所定要件を満たす国際出願は、工業所有権の保護に関するパリ条約にいう正規の国内出願とする（PCT11条(4)）。そして、正規の国内出願とされるすべての出願は、パリ条約による優先権を生じさせるものと認められる（パリ4条A(2)）。

⑤　その他

（ⅰ）　国際出願日の認定により一連の国際段階の手続が順に進行していく（PCT12条等）。

（ⅱ）　指定官庁における国際出願についての国内手続は繰り延べられる（PCT23条(1)、PCT64条(2)）。ただし、出願人の明示の請求があれば、いつでも行うことができる（PCT23条(2)）。なお、出願人の明示の請求としては、国際特許出願の場合には出願審査請求であり（特48条の3、特184条の17）、国際実用新案登録出願の場合には国内処理の請求である（実48条の4第6項）。

（ⅲ）　翻訳文提出等の手続を優先日から30月経過時までに指定官庁に対して行うことにより、国内段階へ移行する（PCT22条(1)・(2)）。

（ⅳ）　国際調査報告（ISR）、さらに請求すれば国際予備審査報告（IPER）を入手できる（PCT18条(2)、36条(1)）。また、国際調査見解書（ISO）も入手可能である。このISOは、国際予備審査報告に代わるものである（PCT規則66.1の2(a)）。

第5章　条　約

（ⅴ）　国際出願日の認定により、国際公開の対象となる（PCT21条(1)、PCT規則48)。

　　なお、国際出願日が認定されないと、国際公開の対象にはならない。

### (7)　優先権の主張

　国際出願は、規則の定めるところにより、パリ条約の締約国において又はパリ条約の締約国についてされた先の出願にもとづく優先権を主張する申立てを伴うことができる（PCT8条(1)）。

　同規定で「パリ条約の締約国についてされた」と規定しているのは、広域出願（例：EPC等）を含ませるためのものである。

　その主張の条件及び効果は、自己指定の場合とそれ以外の場合とで異なる。すなわち、**自己指定以外の場合には、その主張の条件及び効果は、パリ条約のストックホルム改正条約4条の定めるところによる**（PCT8条(2)(a)）。

　**自己指定の場合は、パリ条約による優先権の主張の条件及び効果は当該指定国の国内法令による**（同条(2)(b)）。

## 4　国際調査

**(1)** 国際調査とは、国際調査機関がすべての国際出願について関連のある先行技術を発見することを目的として調査することをいい（PCT15条(1)・(2)・(4)、PCT16条(1)）、いわゆる先行技術調査をいう。

　調査結果は、国際調査報告（ISR）として書面にまとめられる（PCT18条(1)）。

**(2)　趣旨**

　国際調査制度は、各国特許庁で審査の作業の一部として重複して行われている先行技術の調査を1ヵ所で行うこと

**補足説明**
　PCTにおいては、「パリ条約による優先権」の主張の取下げが可能である（PCT規則90の2.3）。

第2節　PCTの概要

によって各国における無駄に重複した労力を省こうとする
ものである。また、出願人に対しては、その発明が新規で
あるか、あるいは進歩性があるかといった判断を容易にす
るために調査を行うものである（『特許協力条約逐条解説』
p19）。

### (3) 国際調査の対象等

国際出願日が認定されたすべての国際出願が国際調査の
対象となる（PCT15条(1)）。

国際調査は、関連のある先行技術を発見することを目的
とするものである（PCT15条(2)、PCT規則33）。国際調
査機関は、可能な限り多くの関連のある先行技術を発見す
るよう努めるものとし、いかなる場合にも、規則に定める
資料（最小限資料）を調査する（PCT15条(4)、PCT規則
34）。

明細書及び図面に妥当な考慮を払ったうえで、請求の範
囲にもとづいて国際調査が行われる（PCT15条(3)）。そ
の手続は、この条約、規則及び取決めの定めるところによ
る（PCT17条(1)）。

### (4) 発明の単一性の点検

国際調査機関は、国際出願が規則に定める発明の単一性
の要件を満たしていないと認める場合には、出願人に対し
追加手数料の支払いを求める（PCT17条(3)(a)1文）。なお、
国際段階では出願分割を行うことができない。

国際調査機関は、国際出願のうち、請求の範囲に最初に
記載されている発明（「主発明」）に係る部分、及び、必要
な追加手数料が所定の期間内に支払われた場合には、追加
手数料が支払われた発明に係る部分について、国際調査報
告を作成する（PCT17条(3)(a)2文）。

---

**発展知識**
平成24年PCT規則改正により、英語の要約が利用可能な中華人民共和国の特許文献が追加された。

第5章　条　約

## (5) 国際調査報告の作成等

　国際調査機関は、国際調査報告を作成し（PCT 規則 43）、それを出願人及び国際事務局に送付する（PCT18 条(2)、PCT 規則 44）。

　国際事務局は、その責任において国際調査報告を英訳し（PCT18 条(3)、PCT 規則 45）、国際出願とともに各指定官庁に送達する（PCT20 条(1)、PCT 規則 47）。なお、この送達を「20 条送達」ということがある。

## (6) 国際調査見解書の作成

　国際調査機関は、国際調査報告の作成と同時に、発明の特許性（産業上の利用可能性、新規性、進歩性）等についての見解を作成する（PCT 規則 43 の 2.1(a)）。この見解は、国際調査見解書（ISO：International Search Opinion）と呼ばれ、国際調査報告書に添付される。

　国際調査報告（ISR）及び国際調査見解書（ISO）を受領した国際出願の出願人は、①国際事務局に非公式なコメントを提出、②19 条補正、③国際予備審査の請求、④国際出願の取下げ、又は、⑤何もしないという選択肢がある。なお、国際予備審査請求がなかったときには、国際調査見解書は国際予備報告（IPRP）として指定国に送付される。

## (7) 補正の機会

　出願人は、国際調査報告を受け取った後、所定の期間内に補正することができる（PCT19 条(1)、PCT 規則 46）。

　その補正は、**国際出願の請求の範囲について 1 回に限られる**。すなわち、明細書及び図面は対象外である。

　補正するときには、国際事務局に補正書を提出する。その際に、補正並びにその補正が明細書及び図面に与えることのある影響について簡単な説明書を提出できる（PCT19 条(1)、PCT 規則 46）。この補正を行うと、各指定国に対する補正手続を 1 つの書面で済ませることができる。

---

第2節　PCTの概要

**補足説明**

　この補正を「19 条補正」と呼ぶことがある。

　19 条補正がなされた場合のわが国の取扱いは、外国語特許出願であれば特許法 184 条の 6 第 3 項に規定され、また、日本語特許出願であれば特許法 184 条の 7 第 2 項に規定されている。

75

### (8) PCT17条(2)(a) の宣言（不作成宣言）

　所定の場合には、出願人及び国際事務局に対し国際調査報告を作成しない旨を通知する（PCT17条(2)(a)）。ここにいう所定の場合としては、たとえば、国際出願の対象が、コンピュータプログラムのうち国際調査機関が当該プログラムについて先行技術を調査する態勢にある範囲外のものである場合等である（PCT規則39.1(vi)）。請求の範囲について部分的に国際調査がなされる場合がある（PCT17条(2)(b)）。

　なお、このように国際調査の対象とならない場合には、国際調査報告に代わるものとして、PCT17条(2)(a)の宣言が作成される。この宣言が作成されたとしても、国際出願日や国際出願日の認定の効果（PCT11条(3)）に影響を及ぼすわけではない。

## 5 国際公開

**(1)** 国際公開とは、**国際事務局が原則として優先日から18月経過後に国際出願の内容を公表する**ことをいう（PCT21条(1)・(2)）。

### (2) 趣旨

　国際公開には、指定国の国内法令による早期公開（18ヵ月公開）の法的要請を国際公開によって満たそうという面と、特許情報の集中化という面とがある。

### (3) 国際公開の時期

　原則として、**国際出願の優先日から18月を経過した後速やかに行われる**（PCT21条(2)(a)）。

　　例外1：出願人が国際公開の請求を国際事務局に行ったときには、期間満了前に国際公開が行われる（PCT21条(2)(b)）。→ cf. 特許法64条の2

---

**用語**
「優先日」

　PCT2条(xi) に規定されているものをいう。優先日は、期間の計算のために用いられるものである。具体的には、国際出願が優先権の主張を伴う場合にはその主張の基礎となる日（優先権が複数のときは最先の出願の日）、優先権の主張を伴わない場合には、その国際出願日をいう。

第5章　条　約

例外2：優先日から18月を経過したときに、国際出願にPCT64条(3)(a)
　　　　の宣言を行っている国のみの指定が含まれている場合には、国
　　　　際公開が行われない（PCT64条(3)(b)）。

**条文内容**

PCT64条(3)(a)は、「いずれの国も、自国に関する限り、国際出願の国際公開を行う必要がないことを宣言することができる」と規定している。

第2節　PCTの概要

### (4) 国際公開の方法

　国際公開の言語、形式その他の細目は、規則に定められている（PCT21条(4)）。

①　国際公開はパンフレットの形式で行われる（PCT規則48.1）。

②　パンフレットには、表紙、明細書、請求の範囲、図面（該当する場合）、国際調査報告又はPCT17条(2)(a)の宣言、及び、19条補正時に提出された簡単な説明書が含まれる（PCT規則48.2）。

　なお、国際調査見解書（ISO）は含まれず、国際公開されない。

③　国際公開の言語は、所定の言語に限られる（PCT規則48.3）。すなわち、アラビア語、英語、スペイン語、中国語、ドイツ語、日本語、韓国語、ポルトガル語、フランス語又はロシア語（「国際公開の言語」）で国際出願がされた場合には、その言語で国際公開が行われる（PCT規則48.3(a)）。

　それ以外の言語（例：イタリア語）で国際出願がなされた場合には、国際公開の言語（例：スペイン語）による**翻訳文**が出願人により提出されたときはその言語で国際公開が行われる（PCT規則48.3(b)）。

　国際出願の国際公開が英語以外の言語で行われる場合には、国際調査報告又はPCT17条(2)(a)の宣言、発明の名称、要約及び要約に添付する図に係る文言は、当該言語及び英語の双方で国際公開が行われる。また、英語による**翻訳文**は、**国際事務局の責任**において作成される（PCT規則48.3(c)）。

77

| 国際出願 | 翻訳 | 国際公開 |
|---|---|---|
| 国際公開の言語 | —— | その言語、その言語が英語でない場合は、その言語及び英語（PCT規則48.3(a)・(c)） |
| 上記以外の言語 | 国際公開の言語の翻訳文の提出がある場合 | 翻訳文の言語、翻訳文の言語が英語でない場合は、翻訳文の言語及び英語（PCT規則48.3(b)・(c)） |
| | 国際公開の言語の翻訳文の提出がされない場合 | 〈国際出願の取下擬制〉（PCT規則12.4 (d)） |

## (5) 国際公開の効果

指定国における出願人の権利の保護に関する限り、国際出願の国際公開の指定国における効果は、所定の規定に従うことを条件として、審査を経ていない国内出願の強制的な国内公開について当該指定国の国内法令が定める効果と同一とする（PCT29条(1)）。

ここで、「審査を経ていない国内出願の強制的な国内公開」（同条(1)）は、わが国の出願公開（特64条1項）が該当する。また、「国内法令が定める効果」（PCT29条(1)）としては、わが国の補償金請求権（特65条1項）が該当することになる（特184条の10）。

## (6) 国際公開の実務上の効果（『特許関係条約』p154）

国際公開を、各国の国内法令にもとづいて行われる出願公開と比べると、次の4つのことがいえる。

① 国際公開はジュネーブという1ヵ所で行われる規格の統一されたものであること

② その言語も世界的な言語である10ヵ国語に限られていること

③ 要約及び国際調査報告がつねに英文で含まれていること

④ 国際出願の対象となるのは国際的に保護が求められ

**補足説明**
国際事務局は、スイス連邦のジュネーブ（Geneve）に置かれている。

第5章　条　約

る優れた発明であると一般には考えられること

## 6　国際予備審査

**(1)** 国際予備審査とは、出願人の請求により、国際予備審査機関が、請求の範囲に記載されている発明が新規性、進歩性及び産業上の利用可能性を有するか否かについて予備的なかつ拘束力のない見解を示すことを目的として行う審査をいう（PCT31条(1)、PCT32条(1)、PCT33条(1)）。その結果は国際予備審査報告（IPER）として書面にまとめられる（PCT35条）。

### (2)　国際予備審査の請求

　国際出願のうち出願人から国際予備審査の請求があったものが、国際予備審査の対象となる（PCT31条(1)）。

　国際予備審査の請求は、国際出願とは別個に行う（同条(3)1文）。

　国際予備審査の請求書には、選択国（国際予備審査の結果を利用することを出願人が意図する1又は2以上の締約国）を表示する。選択国は、後にする選択によって追加することができる。選択の対象となる国は、指定国に限られる（PCT31条(4)）。

　国際予備審査の請求は、管轄国際予備審査機関に対して行う（同条(6)(a)）。後にする選択は、国際事務局に届け出る（同条(6)(b)）。

　国際予備審査の請求は、次の期間のうちいずれか遅く満了する期間までにすることができる（PCT規則54の2.1(a)）。

　　　（ⅰ）　出願人への国際調査報告又はPCT17条(2)(a)の宣言及び国際調査見解書（ISO）の送付から3ヵ月

　　　（ⅱ）　優先日から22ヵ月

> **補足説明**
> 指定国の場合と同様に、国際予備審査の請求により自動的にすべての指定国が選択されたものとされる。

そして、この期間の経過後になされた国際予備審査の請求は提出されなかったものとみなされ、国際予備審査機関は、その旨を宣言する（PCT規則54の2.1(b)）。

国際予備審査の請求又は選択の取下げを、優先日から30ヵ月を経過する前に行うことが可能である（PCT規則90の2.4(a)）。

### (3) 国際予備審査

① 国際予備審査を行う者

国際予備審査は、国際予備審査機関が行う（PCT32条(1)）。

② 出願人が行える手続

出願人は、国際予備審査機関と口頭及び書面で連絡できる（PCT34条(2)(a)）。

出願人は、国際予備審査報告が作成される前の所定の期間内に、請求の範囲、明細書又は図面について補正できる（PCT34条(2)(b)、PCT規則66.1(b)）。この補正は複数回可能である。

一定の場合には国際予備審査機関から書面による見解が示され（PCT34条(2)(c)・(4)、PCT規則66.2）、この見解に対して答弁することができる（PCT34条(2)(d)）。

国際調査機関が作成した書面による見解（ISO）が、国際予備審査機関の書面による見解とみなされる場合がある（PCT規則66.1の2(a)）。

③ 発明の単一性の判断

国際予備審査機関は、発明の単一性を点検する（PCT34条(3)、PCT規則68）。

国際予備審査機関は、発明の単一性の要件を満たしていないと認める場合には、出願人に対し、その選択によりその要件を満たすように請求の範囲を減縮し又は追加手数料を支払うことを求めることができる。

出願人が所定の期間内にその求めに応じない場合に

---

**補足説明**

この補正を「34条補正」と呼ぶことがある。
PCT34条補正がなされた場合のわが国の取扱いは、特許法184条の8に規定されている。

**補足説明**

「書面による見解」を、わが国特許法の「拒絶理由通知（特50条）のようなもの」と考え、また、「見解に対する答弁」を、わが国特許法の「意見書（特50条）のようなもの」と考えることができる。

は、国際予備審査機関は、国際出願のうち主発明である
と認められる発明に係る部分について国際予備審査報告
を作成し、この報告に関係事実を記載する。

　なお、国際予備審査機関は、発明の単一性がないと判
断したときであっても、減縮又は追加手数料の支払いの
求めをすることなく、国際出願全体について国際予備審
査報告を作成することができる（PCT規則68.1）。すな
わち、発明の単一性の判断については、国際予備審査機
関に裁量の余地を持たせている。

### (4) 国際予備審査報告の作成等

① 　国際予備審査機関

　国際予備審査機関は、国際予備審査報告（IPER）を
作成する（PCT35条(2)・(3)、PCT規則70）。

　この国際予備審査報告には、「特許性に関する国際予
備報告（特許協力条約第2章）」という表題及び国際予
備審査機関が作成した国際予備審査報告である旨の表示
が付される（PCT規則70.15(b)）。

　国際予備審査機関は、作成した国際予備審査報告を、
所定の附属書類とともに出願人及び国際事務局に送付す
る（PCT36条(1)、PCT規則71）。なお、「所定の附属
書類」は、詳細に規定されている（PCT規則70.16）。

② 　国際事務局

　国際事務局は、その責任において国際予備審査報告を
英訳する（PCT36条(2)(b)、PCT規則72）。

　英訳した国際予備審査報告を原語の附属書類とともに
各選択官庁に送達する（PCT36条(3)(a)、PCT規則
73）。

③ 　出願人

　出願人は、附属書類を英訳する（PCT36条(2)(b)）。

　英訳した附属書類を各選択官庁に送付する（同条(3)
(b)、PCT規則74）。

## 7　その他

**わが国における国内法等**

① 国際出願法（国願法）

正式な法律名は、「特許協力条約に基づく国際出願等に関する法律」である。

この法律には、特許協力条約に基づく国際出願、国際調査及び国際予備審査に関し、日本国特許庁と出願人との間における手続が定められている（国願1条）。

第1章　総則

第1条（趣旨）

第2章　国際出願

第2条（国際出願）

第3条（願書等）

第4条（国際出願日の認定等）

第5条（同前）

第6条（補正命令）

第7条（取り下げられたものとみなす旨の決定）

第3章　国際調査

第8条（国際調査報告）

第9条（文献の写しの請求）

第4章　国際予備審査

第10条（国際予備審査の請求）

第11条（国際予備審査の請求に伴う補正）

第12条（国際予備審査報告）

第13条（答弁書の提出）

第14条（国際予備審査の請求の手続の不備等）

第15条（準用）

第5章　雑則

第16条（代表者等）

第17条（手続の補完等の特例）

第18条（手数料）

第18条の2 （手数料の減免）

第19条 （特許法の準用）

第20条 （経済産業省令への委任）

第21条 （条約に基づく機関としての事務）

② 特許法

特許法第9章に、「特許協力条約に基づく国際出願に係る特例」が設けられている。

これらの規定は、「わが国を指定国に含む国際出願」を、国内出願と同じように特許法上の手続につなげるために設けられたものである。

第9章 特許協力条約に基づく国際出願に係る特例

第184条の3 （国際出願による特許出願）

第184条の4 （外国語でされた国際特許出願の翻訳文）

第184条の5 （書面の提出及び補正命令）

　第1項 特許法36条1項

　第2項 特許法17条3項

　第3項 特許法18条

第184条の6 （国際出願に係る願書、明細書等の効力等）

第184条の7 （日本語特許出願に係る条約第19条に基づく補正）

第184条の8 （条約第34条に基づく補正）

第184条の9 （国内公表等）

第184条の10 （国際公開及び国内公表の効果等）

第184条の11 （在外者の特許管理人の特例）

　　　　　→特許法8条1項

第184条の12 （補正の特例）

　　　　　→補正（時期：国内移行手続＋国内処理基準時の経過）

第184条の12の2 （特許原簿への登録の特例）

第 184 条の 13（特許要件の特例）

　　　　→拡大された範囲の先願

第 184 条の 14（発明の新規性の喪失の例外の特例）

　　　　→新規性喪失の例外の手続

第 184 条の 15（特許出願等に基づく優先権主張の特
例）

第 184 条の 16（出願の変更の特例）

　　　　→出願変更（時期：国内移行手続の後
でのみ）

第 184 条の 17（出願審査の請求の時期の制限）

第 184 条の 18（拒絶理由等の特例）

　　　　→拒絶理由、異議申立て理由及び無効
理由

第 184 条の 19（訂正の特例）

　　　　→訂正請求及び訂正審判

第 184 条の 20（決定により特許出願とみなされる国
際出願）

## 第2節 PCTの概要

**事例解答**

多くの国で特許権を取得したい場合、あるいは、各国が求めるそれぞれ異なる様式や言語を用いて直接出願を行う煩雑さを避けたい場合には、特許協力条約（PCT）に従い国際出願を行う方法がある。

PCT国際出願は、国際的に統一された出願書類を、PCT加盟国である自国の特許庁に対して1通提出するだけで、その時点で有効なすべてのPCT加盟国に対して「国内出願」を出願したことと同じ扱いを受けることができる。

つまり、PCT国際出願に与えられた出願日（「国際出願日」）は、すべてのPCT加盟国における「国内出願」の出願日となる。

なお、パリ条約に基づく優先権主張は、PCT国際出願でも利用できる。

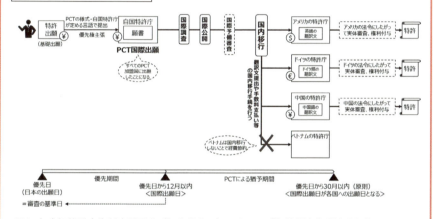

2021年度知的財産権制度説明会（初心者向け）テキスト『知的財産権制度入門』P103より

## 第 3 節
# マドリッド協定議定書の概要

重要度 ★★★

### 事例問題

海外において商標権を取得するには、どのような方法があるだろうか？

⇒解答は97頁

### 学習到達目標

①マドリッド協定議定書の概要を理解
②手続規定であるため、その手続の概略を理解
③わが国商標法第7章の2がマドリッド協定議定書の内容を反映したものであるため、必ず相互関係を意識

### ★ 目標到達までのチェックポイント

☑手続の概略を理解したか。
☑商標法第7章の2の規定とマドリッド協定議定書との関係を理解したか。

### ▼ 他の項目との関連性

『エレメンツ2　意匠法／商標法』の第4章 商標法 第25節 商標法第7章の2

「『エレメンツ2　意匠法／商標法』の第4章 商標法 第25節 商標法第7章の2」の規定との関連性が高い。商標法第7章の2以降の条文をつねに参照されたい。

第5章　条　約

# 1 概要

## (1) 概要

　マドリッド協定議定書とは、パリ条約19条の「特別の取極」
の1つであり、「マドリッド協定（Madrid Agreement）」
を改善した国際条約をいう。正式名称は、「標章の国際登
録に関するマドリッド協定の1989年6月27日にマドリッ
ドで採択された議定書」である。1995年12月に発効した。
なお、ここにいうマドリッド協定は、「標章の国際登録に
関するマドリッド協定（Madrid Agreement Concerning
the International Registration of Marks）」であり、「虚偽
の又は誤認を生じさせる原産地表示の防止に関するマド
リッド協定」とは異なるものである。

　マドリッド協定議定書は、マドリッドプロトコル（Madrid
Protocol）とも呼ばれ、「マドプロ」と略称されることもあ
る。

〈マドプロとパリ条約との関係〉

```
                    パリ条約 19 条
  ┌────────┐─────────────┌──────────────────┐
  │ パリ条約 │             │ マドリッド協定議定書 │
  └────────┘─────────────└──────────────────┘
```

## (2) マドリッド協定議定書の構成

　マドリッド協定議定書は、16ヵ条の条約からなり、マド
リッド協定との共通規則を有する。

## (3) マドリッド協定議定書に登場する関係主体

① 国際出願の出願人ないしは国際登録の名義人

② 本国官庁

③ 国際事務局

④ 指定締約国

⑤ 関係官庁（指定締約国の官庁）

---

**補足説明**
　マドリッド協定は、手
続の原語がフランス語の
みで、しかも、主に無審
査主義国を対象とした内
容である。
　一方、マドリッド協定
議定書は、英語圏の国々
で、かつ審査主義国も参
加しやすいように改善さ
れている。

**補足説明**
　マドリッド協定議定書
には、PCTにおける「国
際調査機関」や「国際予
備審査期間」はない。

第3節　マドリッド協定議定書の概要

87

**(4) マドリッド協定議定書における商標保護の考え方**

本国での出願又は商標登録による保護を、他の締約国（指定締約国）に対して請求し、これにより保護を国際的に拡張する。

## 2 全体的な流れ

〈マドリッド協定議定書における全体的な手続の流れ〉

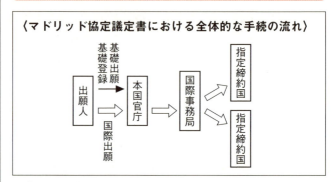

① 国際事務局への国際出願

締約国の特許庁（本国官庁）に出願又は登録されている商標を基礎として、保護を求める締約国（指定締約国）を明示して本国官庁を経由して国際事務局に国際出願を行う（議定書2条(1)・(2)）。

② 指定締約国への通報

国際事務局は、国際登録簿への標章登録（国際登録）をした後に指定締約国へ領域指定を通報する（議定書3条(4)）。国際登録がなされた段階で商標権が発生するわけではない。国際登録されると、すべての指定締約国において出願したという効果が得られる。

③ 指定締約国での保護

領域指定の通報を受けた指定締約国の官庁は、保護を拒絶する場合にはその旨の通報を一定期間内に国際事務局に行わなければならない（議定書5条(1)・(2)）。言い換えると、審査主義国である指定締約国は保護を拒絶することができるため、本国で保護されている商標がつ

ねに指定締約国で保護されるわけではない。すなわち、国際出願に係る商標が、指定締約国ごとに登録になったりならなかったりする。

　領域指定の通報を受けた指定締約国の官庁が一定期間内にそのような保護を拒絶する旨の通報を行わないときには、標章の国際登録又は領域指定の記録の日からその標章が指定締約国の官庁において登録を受けていたならば与えられたであろう保護と同一の保護が与えられる。また、拒絶の通報がその後に取り消された場合にも、標章の国際登録又は領域指定の記録の日から、当該標章は、関係締約国において、当該関係締約国の官庁による登録を受けていたならば与えられたであろう保護と同一の保護を与えられるものとする（議定書4条(1)(a)2文）。

④　国際登録の存続期間

　国際登録の存続期間は、国際登録の日から10年であり、更新が可能である（議定書6条(1)）。

## 3　手続の詳しい内容

### (1) 一般的な手続

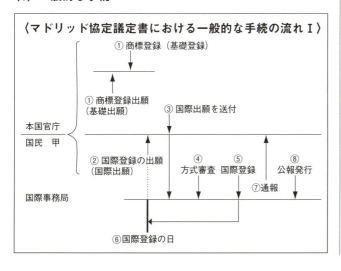

**補足説明**
国際登録による標章の保護の効果は、国際出願の出願人又は国際登録の名義人がいずれかの締約国を指定した場合においてのみ当該いずれかの締約国に及ぶものとする。ただし、その官庁が本国官庁にあたる締約国については、そのような指定を行うことができない（議定書3条の2）。すなわち、PCTにおける自己指定のようなものは不可である。

① 基礎出願又は基礎登録

標章について、いずれかの締約国の官庁に標章登録出願をした場合又はいずれかの締約国の官庁の登録簿に標章登録がされた場合には、当該標章登録出願（基礎出願）又は当該標章登録（基礎登録）の名義人は、国際事務局の国際登録簿への標章登録（国際登録）を受けることにより、当該標章の保護をすべての締約国の領域において確保することができる（議定書2条(1)）。

② 国際出願

国際登録の出願（国際出願）は、基礎出願を受理し又は基礎登録をした官庁（本国官庁）を通じ、国際事務局に対して行う（議定書2条(2)）。

（ⅰ） 様式

この議定書に基づく国際出願は、規則に定める様式の願書によって行う（議定書3条(1)1文）。具体的には、願書である。

（ⅱ） 締約国の指定

国際出願に際しては、国際登録による標章の保護の効果が及ぶ領域としていずれの締約国を指定するかを記載する（議定書3条の3(1)）。

このように締約国を指定することを「領域指定」という。領域指定は、国際出願の際にできるほか（議定書3条の3 (1)）、国際登録の後にもできる（同条 (2)）。国際登録後の領域指定を「事後指定」という。

（ⅲ） パリ条約による優先権の主張

国際出願がパリ条約による優先権の主張を伴う場合、パリ条約4条Dに定める手続をしなくても足りる（議定書4条(2)）。

→ cf. 商標法68条の15第1項

③ 国際出願の送付

本国官庁は、国際出願の願書の記載事項が基礎出願又は基礎登録の記載事項と一致していることを証明し、さ

らに、所定の事項を当該願書に記載する（議定書3条
(1)）。

④・⑤　方式審査及び国際登録

　国際事務局は、2条の規定に従って出願された標章を
直ちに登録する（議定書3条(4)1文）。すなわち、国際
事務局は、国際出願が該当する要件に合致すると認めた
場合には、標章を国際登録簿に登録する。なお、国際登
録簿に登録される事項としては、標章、領域指定及び関
連事項等である。

⑥　国際登録の日

　本国官庁が国際出願を受理した日から2月の期間内に
国際事務局が国際出願を受理したときは、当該本国官庁
が国際出願を受理した日を国際登録の日とする。当該2
月の期間の満了後に国際事務局が国際出願を受理したと
きは、国際事務局が国際出願を受理した日を国際登録の
日とする（議定書3条(4)2文）。

　標章の国際登録の日から、当該標章は、関係締約国に
おいて、標章登録を当該関係締約国の官庁に直接求めて
いたならば与えられたであろう保護と同一の保護を与え
られるものとする（議定書4条(1)(a)1文）。すなわち、
出願した場合の効果と同じ効果が与えられる。

⑦　領域指定の通報

　国際事務局は、関係官庁に対し国際登録を遅滞なく通
報する（議定書3条(4)3文）。

　国際登録について指定締約国の官庁に通報し、その旨
を本国官庁へ通報し、かつ、名義人に証明書を送付する
（共通規則14(1)）。

⑧　公報発行

　国際登録簿に登録された標章は、国際出願の記載事項
に基づき、国際事務局が定期的に発行する公報に掲載す
る（議定書3条(4)4文）。

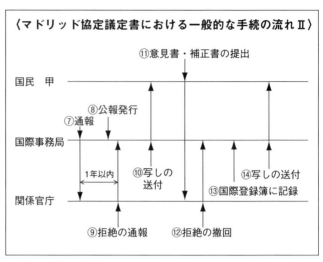

⑨ 拒絶の通報

　国際登録に係る標章を保護しない旨の宣言をしようとする官庁は、領域指定の通告が国際事務局から送付された日から、原則として1年の期間（例外として18ヵ月の期間）が満了する前に、国際事務局に対し、すべての拒絶の理由を記載した文書とともに拒絶の通報を行う（議定書5条(2)(a)・(b)）。拒絶の通報は必ず行われるというわけではない。わが国の拒絶理由通知（商15条の2）に相当するものである。

　期間満了までに拒絶の通報を行わなかった官庁は、国際登録の保護を与えない旨の主張をすることができなくなる（議定書5条(5)）。→ cf. 商標法16条

⑩ 写しの送付

　国際事務局は、国際登録の名義人に拒絶の通報の写し1通を遅滞なく送付する（議定書5条(3)1文）。

⑪ 意見書・補正書の提出

　国際登録の名義人は、拒絶の通報を行った官庁に標章登録を自ら直接求めていたならば与えられたであろう救済手段を与えられる（議定書5条(3)2文）。すなわち、国際登録の名義人は、わが国での意見書の提出や手続補

正書の提出に相当する手続を行うことができる。

⑫　拒絶の撤回

　拒絶の通報がその後に取り消された場合には、標章の国際登録の日から、当該標章は、関係締約国において、当該関係締約国の官庁による登録を受けていたならば与えられたであろう保護と同一の保護を与えられるものとする（議定書4条(1)(a)2文）。すなわち、商標登録がなされた場合の効果（商標権の発生）と同じ効果が与えられる。

　なお、国際出願で与えられる商標権は、指定締約国ごとに発生する。その商標権の内容は、指定締約国ごとに個別に定められる。

⑬　国際登録簿に記録

　国際事務局は、規則に基づき受領した声明を国際登録簿に記録する（共通規則18規則の3(5)）。

⑭　写しの送付

　国際事務局は、受領した声明を国際登録の名義人に通報する（共通規則18規則の3(5)）。

## (2) 事後指定（議定書3条の3(2)）

　領域指定は、標章の国際登録の後においても行うことができる。そのような領域指定を事後指定といい、規則に定める様式に従って行う。

　事後指定における商品及び役務の範囲は、国際登録簿に記載されている範囲内に限られる。基礎となる商標の指定商品・指定役務の範囲内ではない。

　このような事後指定を行う場合としては、以下の3つの場合が考えられる。

①　当初、国際登録の必要性はなかったが、後日国際登録が必要な締約国が出てきた場合

②　国際登録出願の時点でマドリッド協定議定書に未加盟だった国が、後に加盟した場合

**補足説明**

　事後指定の場合にも、その指定締約国は、拒絶の通報を行うことができる（議定書5条(1)1文）。

③　国際登録簿に記録されている範囲内で指定商品・指定役務を追加する場合

　**事後指定は、国際事務局に直接提出することも認められている**。事後指定の日は、国際事務局での受理の日である。

　国際事務局は、領域指定を国際登録簿にただちに記録し、当該領域指定を関係官庁に対し遅滞なく通報する。

　記録された領域指定は、国際事務局が定期的に発行する公報に掲載する。

　領域指定は、当該領域指定が国際登録簿に記録された日から効力を生じ、当該領域指定に係る国際登録の存続期間の満了によりその効力を失う。

　事後指定の効果は、基となる国際登録に付随する。国際登録の更新は、国際登録の名義人が国際事務局に直接行うことができるものであるが、**本国官庁を通じても行うことができる**（議定書3条の3）。

### (3) セントラルアタック（国際登録の従属性）

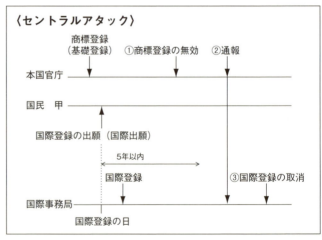

> **補足説明**
> 国際登録の日から5年間は、国際登録は本国官庁に登録又は出願された標章への従属関係が残っている。この従属的な取扱いは、パリ条約6条(3)に定める商標独立の原則に対する例外をなすものである。

①　商標登録の無効

　国際登録の日から5年の期間が満了する前に、「基礎出願」、「基礎出願による登録」又は「基礎登録」が取り下げられ、消滅し、放棄され又は、確定的な決定により、

拒絶され、抹消され、取り消され若しくは無効とされた場合には、当該国際登録において指定された商品及びサービスの全部又は一部について主張することができない（議定書6条(3)1文）。

② 通報

本国官庁は、規則の定めるところにより、国際事務局に対し関連する事実及び決定を通報する（議定書6条(4)1文）。

③ 国際登録の取消し

本国官庁は、該当する範囲について国際登録の取消しを国際事務局に請求するものとし、国際事務局は、当該範囲について国際登録を取り消す（議定書6条(4)2文）。すなわち、国際登録の失効である。

セントラルアタックで国際登録が取り消された場合には、救済措置が設けられている。すなわち、当該国際登録に係る領域指定が行われていた締約国の官庁に対し当該国際登録の名義人であった者が同一の標章に係る標章登録出願（再出願）をしたときは、当該標章登録出願は、所定の要件を満たすときには、国際登録の日又は事後指定の日に行われたものとみなされる（議定書9条の5）。

**補足説明**
　国際登録は、セントラルアタックにならずに当該国際登録の日から5年の期間が満了したときは、基礎出願、基礎出願による登録又は基礎登録から独立した標章登録を構成するものとする（議定書6条(2)）。

第3節　マドリッド協定議定書の概要

95

## 4　わが国商標法第7章の2

　商標法第7章の2は、第1節〜第3節に区分けされている。

### (1) 第1節（商68条の2〜68条の8）
　国際登録出願

### (2) 第2節（商68条の9〜68条の31）
　国際商標登録出願に係る特例

### (3) 第3節（商68条の32〜68条の39）
　商標登録出願等の特例

## 事例解答

海外において商標権を取得するには、①権利を取得したい国の特許庁（海外の特許庁）へ、各国ごとに直接出願する方法、②マドリッド協定議定書（以下「マドプロ」といいます。）に基づき、日本国特許庁（本国官庁）を経由して、「国際登録出願」（以下「マドプロ出願」という。）をする方法がある。マドプロ制度を利用すると、我が国の出願人は自己の国内商標出願又は国内商標登録を基礎として、権利取得を希望するマドプロ締約国を指定し、日本国特許庁（本国官庁）を通じてWIPO国際事務局（以下「国際事務局」という。）にマドプロ出願をすることができ、これにより複数の国に同時に出願するのと同等の効果を得ることができる。マドプロ出願は国際事務局の国際登録簿に登録され、その後、国際事務局から各指定締約国に対し領域指定の通知が行われ、各指定締約国による実体審査等を経て商標の保護が確保されることになる。

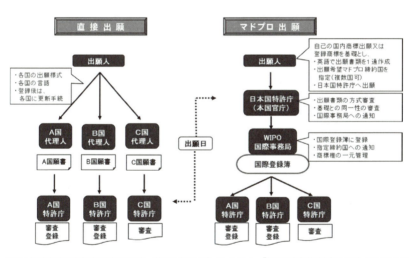

2021年度知的財産権制度説明会（初心者向け）テキスト『知的財産権制度入門』P112より

## 第 4 節
# TRIPS 協定の概要

重要度 ★★★

### 事例問題

TRIPS協定では、パリ条約の基本原則に対して、どのような基本原則を備えているだろうか？　　　　　　　　　　　　　　　　　　⇒解答は112頁

### 学習到達目標

① TRIPS 協定の概要を理解
② TRIPS 協定の規定を受けて国内法が規定されている場合があるので、相互の関係まで把握

### ★　目標到達までのチェックポイント

☑TRIPS 協定の概略を理解したか。
☑TRIPS 協定と国内法との関係を理解したか。

### ▼　他の項目との関連性

TRIPS 協定は、特許法・実用新案法・意匠法・商標法・不正競争防止法・著作権法すべてに影響を与えている。随時各法を参照されたい。

98

# 1 概要

## (1) 概要

TRIPS（トリップス）協定とは、「知的財産権の貿易関連の側面に関する協定（Agreement on Trade-Related Aspects of Intellectual Property Rights)」の略称をいう。

知的所有権の保護を促進し、知的所有権を行使するための措置及び手続を確保するために、加盟国が実施すべき知的所有権の貿易関連の側面に関する原則等を定めるもので、前文及び本文73ヵ条からなる（『特許関係条約』p288）。

TRIPS協定は、パリ条約19条の「特別の取極」ではない。

## (2) TRIPS協定の背景

従来の知的所有権に関する国際ルールは個別の分野ごとに保護を定めた個別の条約があるだけであった。すなわち、工業所有権については1883年にパリ条約、著作権については1886年にベルヌ条約、著作隣接権については1961年にローマ条約、そして、集積回路については1989年にワシントン条約がそれぞれ成立し、その保護の内容はそれぞれの条約で個別的に定めていた。

そこで、広範な分野にわたる知的所有権について、既存の国際ルールが定める保護の範囲を補完、強化し、「世界貿易機関を設立するマラケシュ協定」（WTO協定）のもとでこれらの知的所有権の包括的かつ適切な保護を国際的に確保することを目的としてTRIPS協定が成立した。

このTRIPS協定は、WTO協定における附属書1Cである。

**用語**
「WTO協定」
　本文は、16ヵ条からなる簡単な協定であり、その附属書として多数の協定が添付されている。

第4節　TRIPS協定の概要

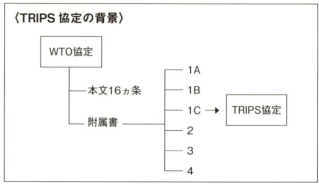

　ここにいう「世界貿易機関」は、WTO（World Trade Organization）とも呼ばれ、国連の下部機構である国際貿易機構である。また、世界貿易機関が1995年1月に設立されるまでは、世界知的所有権機関（WIPO：World Intellectual Property Organization）が工業所有権を扱う唯一の国際機関であった。

　世界知的所有権機関は、「工業所有権に関するパリ条約の事務機構」と「著作権に関するベルヌ条約の事務機構」とが合体した国連の知的所有権に関する専門機構である。

　また、WTOとWIPOとは、1995年12月22日に締結された両者の取決め（TRIPS68条4文）が1996年1月1日に発効したことによって協力体制を確立している（『特許関係条約』p288）。

| WTO所管 | WIPO所管 |
|---|---|
| TRIPS協定 | パリ条約 |
|  | PCT |
|  | 議定書 |
|  | …… |

**(3) パリ条約との関係**

**TRIPS協定第1条　義務の性質及び範囲**
(1) 加盟国は、この協定を実施する。加盟国は、この協定の規定に反しないことを条件として、この協定

第5章　条　約

において要求される保護よりも広範な保護を国内法令において実施することができるが、そのような義務を負わない。加盟国は、国内の法制及び法律上の慣行の範囲内でこの協定を実施するための適当な方法を決定することができる。

**TRIPS協定第2条　知的所有権に関する条約**

(1)　加盟国は、第2部から第4部までの規定について、1967年のパリ条約の第1条から第12条まで及び第19条の規定を遵守する。

①　TRIPS協定1条

TRIPS協定は、パリ条約の実体規定及びパリ条約の保護水準を超える新たな義務の双方を、全加盟国が遵守すべき最低基準（ミニマムスタンダード）として定めている。

②　TRIPS協定2条(1)

いわゆる「パリ条約プラスアプローチ」を採用している。パリ条約の実体規定の違反に対しては、貿易制裁措置を伴う紛争解決手段が適用されることになる。

著作権については「ベルヌ条約プラスアプローチ」を採用し（TRIPS9条(1)1文）、半導体の回路配置については「IPIC条約プラスアプローチ」を採用している（TRIPS35条）。

TRIPS協定2条(1)の規定により、非パリ同盟国に対しても、パリ条約の実質的な規定の遵守を義務付けている。

**(4) TRIPS協定の構成**

TRIPS協定は、前文及び73ヵ条の条約からなる。

73ヵ条の条約は、次のように区分されている。

第1部　一般規定及び基本原則（1条～8条）

第2部　知的所有権の取得可能性、範囲及び使用に関す

---

**補足説明**

パリ条約の解釈又は適用に関するパリ同盟国間の紛争は国際司法裁判所に付託されて処理されることになる。しかし、国際司法裁判所の決定には強制力がなく、現実にはその紛争解決手段は利用されていない（『逐条解説TRIPS協定』p29）。

第4節　TRIPS協定の概要

る基準（9条〜40条）

第3部　知的所有権の行使（41条〜61条）

第4部　知的所有権の取得及び維持並びにこれらに関連する当事者間手続（62条）

第5部　紛争の防止及び解決（63条、64条）

第6部　経過措置（65条〜67条）

第7部　制度上の措置及び最終規定（68条〜73条）

## 2　TRIPS協定の主な内容

① 知的所有権の定義（TRIPS 2条（1））

② 内国民待遇及び最恵国待遇（TRIPS 3条〜5条）

③ 消尽（TRIPS 6条）

④ 商標（TRIPS 第2部第2節）

⑤ 特許（TRIPS 第2部第5節）

⑥ TRIPS協定に関するわが国の対応

## 3　知的所有権の定義

**TRIPS協定第1条　義務の性質及び範囲**

(2) この協定の適用上、「知的所有権」とは、第2部の第1節から第7節までの規定の対象となるすべての種類の知的所有権をいう。

すなわち、TRIPS協定における「知的所有権」には、次の7つが含まれる。なお、TRIPS協定における「知的所有権」には、実用新案は含まれていない。また、TRIPS協定では、いわゆる「サービス・マーク」は「商標」（第2節）に包含される概念である。

### (1) 著作権及び関連する権利（第1節）

「関連する権利（releted rights）」というのは、要するに

---

**補足説明**

わが国では、「知的所有権」の用語は「知的財産権」に統一されることになった。これは、2002年（平成14年）7月3日に政府の知的財産戦略会議で決定されたものである。

なお、同会議で「工業所有権」という用語を「産業財産権」に置き換えることも決定された。

著作隣接権（neighbouring rights）のことであるが、わが
国や大陸法系の諸国にある著作隣接権の概念が米国にはな
いため、その事情に配慮してこの語を用いている（『逐条
解説 TRIPS 協定』p57）。

## （2）商標（第2節）

　商標登録の対象にしなければならない標識（sign）は、
第1に商品と役務（サービス）の両者を対象にすること、
第2に識別可能なものであることが、TRIPS 協定 15 条(1)
1 文に規定されている。したがって、サービス・マークも
保護すべきことが義務付けられている（『逐条解説 TRIPS
協定』p83）。

　また、視覚的な認識可能性を登録の要件とすることを許
容することが、TRIPS 協定 15 条(1) 4 文に規定されている。
これにより、たとえば音響や香り等は、仮に音符や香りの
成分による表記が可能であっても、標識自体が視覚的に認
識可能ではないので、TRIPS 協定上登録が義務付けられな
いことになる。すなわち、登録を認めなくても TRIPS 協定
に違反しない（『逐条解説 TRIPS 協定』p83、84）。

## （3）地理的表示（第3節）

　地理的表示の保護は商品（good）に関するものに限られ、
役務（サービス）に関しては適用されない。TRIPS 協定で
保護されるのは、「表示（indication）」であって「名称（appell
ation）」に限られるものではない。したがって、文字で表
記されるもののほか、地理的なものを図形や絵などで示し
た表示も保護の対象になる。地理的表示の保護は、とくに
EC にとっては TRIPS 協定の中で最大の関心事項として位
置付けられていたようである（『逐条解説 TRIPS 協定』
p97 ～ 99）。

---

**補足説明**
なお、TRIPS 協定 2 条
(2)は、パリ条約等の既存
の条約によって加盟国間
にすでに発生している義
務が TRIPS 協定によって
影響を受けないという国
際法上当然のことを確認
的に規定しただけのもの
である（『逐条解説 TRIPS
協定』p30）。

**補足説明**
平成 26 年改正により
音の商標が商標法の保護
対象に追加された。

第4節　TRIPS 協定の概要

**(4) 意匠（第4節）**

**(5) 特許（第5節）**

　新規性、進歩性及び産業上の利用可能性がある発明であれば、いかなる技術分野であっても、物の発明であれば物の特許（物質特許）を、方法の発明であれば方法特許（製法特許）を付与しなければならない（『逐条解説 TRIPS 協定』p124）。

**(6) 集積回路の回路配置（第6節）**

**(7) 非公開情報（第7節）**

## 4 内国民待遇及び最恵国待遇

**(1) 内国民待遇**

> TRIPS協定第3条　内国民待遇
> (1) 各加盟国は、知的所有権の保護（注）に関し、自国民に与える待遇よりも不利でない待遇を他の加盟国の国民に与える。……

① 　内容

「自国民に与える待遇よりも不利でない待遇」であるから、他の加盟国の国民に対して自国民よりも高い保護を与えることはかまわないことになる。

② 　例外

（ⅰ）　実演家、レコード製作者及び放送事業者の権利（著作隣接権）に関しては、TRIPS協定に規定された権利についてのみ内国民待遇を与えれば足りる（TRIPS3条(1)3文）。米国の国内事情に対応したものである。

（ⅱ）　1967年のパリ条約すなわちストックホルム改正

**補足説明**
　内国民待遇は、パリ条約2条にも定められている。

第5章　条　約

条約にすでに規定する例外（パリ条約の内国民待遇に対する例外）については、この限りでない（TRIPS 3条(1)2文）。

すなわち、司法上及び行政上の手続並びに裁判管轄権については、並びに工業所有権に関する法令上必要とされる住所の選定又は代理人の選任については（パリ2条(3)）、TRIPS協定でも内国民待遇の例外として扱うことができる。

ただし、例外適用の制限がある。すなわち、司法上及び行政上の手続については、「この協定に反しない法令の遵守を確保するために必要であり、かつ、その例外の実行が貿易に対する偽装された制限とならない態様で適用される場合」に限って内国民待遇の例外が認められるにすぎない（TRIPS 3条(2)）。

第4節　TRIPS協定の概要

## (2) 最恵国待遇（Most Favored Nation Treatment）

> **TRIPS協定第4条　最恵国待遇**
> 知的所有権の保護に関し、加盟国が他の国の国民に与える利益、特典、特権又は免除は、他のすべての加盟国の国民に対し即時かつ無条件に与えられる。……

① 内容

「他の国の国民」であるから、非加盟国の国民に与えた利益、特典、特権及び免除も対象となる。

② 例外

最恵国待遇の例外として、次の4つが挙げられている（TRIPS 4条2文）。

（ⅰ）　一般的な司法共助及び法執行に関する国際協定に基づくもの

（ⅱ）　ベルヌ条約及びローマ条約で相互主義的取扱いが認められているもの

（ⅲ）　実演家、レコード製作者及び放送事業者の権利

**補足説明**
このような最恵国待遇（MFN）は、既存の他の知的所有権諸条約にはみられないものである。なお、最恵国待遇はGATTでは一般的なものである。

（著作隣接権）のうち TRIPS 協定に規定されていないもの

（ⅳ）　既存の国際条約に基づく措置

### (3) その他

　TRIPS 協定 3 条及び 4 条の規定に基づく義務は、知的所有権の取得又は維持に関して WIPO の主催の下で締結された多数国間協定（例：PCT）に規定する手続については、適用しない（TRIPS 5 条）。

　内国民待遇（TRIPS 3 条）及び最恵国待遇（TRIPS 4 条）について共通的な例外を規定したものである。

## 5　消尽

**TRIPS協定第 6 条　消尽**

　この協定に係る紛争解決においては、第 3 条及び第 4 条の規定を除くほか、この協定のいかなる規定も、知的所有権の消尽に関する問題を取り扱うために用いてはならない。

　TRIPS 協定では知的所有権の消尽の問題（並行輸入）についてなんらの規律も設けていないため、各国が内国民待遇及び最恵国待遇の原則（TRIPS 3 条、TRIPS 4 条）に従い判断することになる。

　たとえば、自国民の特許権は消尽しないのに、外国人の特許権は消尽するとの国内法令を有する場合は、内国民待遇（TRIPS 3 条）に違反することになる。

　また、たとえば、X 国からの輸入品については消尽しないのに Y 国からの輸入品については消尽するとの国内法令を有する場合は、最恵国待遇（TRIPS 4 条）に違反することになる。

**用語**
「権利消尽」
　「消尽」の語の代わりに、「用尽」または「消耗」という語を使うことがある。しかし、表現上の違いだけであり、その意味するところは同じと考えてよい。

106

## 6 商標（第2部第2節）

### (1) TRIPS協定15条

TRIPS協定15条は、いかなるものが商標として登録され、保護されるかについて規定している。広義の商標には、①商標法にもとづいて登録することにより保護されるものと、②登録がなくても不正競争防止法等により保護されるものの2種類があるが、第2節が規律の対象にしているのは、前者の登録と結び付いた商標である。また、商標権の付与に関する法制としては、商標の使用という事実にもとづいて商標権を成立させる「使用主義」（米国等）と登録によって商標権を成立させる「登録主義」（わが国、ドイツ等）があるが、TRIPS協定はその両主義の調和にあえて踏み込むことはせず、商標の十分な保護に必要な最低基準を規定するにとどめている（『逐条解説TRIPS協定』p57、58）。

### (2) TRIPS協定21条

TRIPS協定21条は、商標の強制使用許諾の禁止及び商標の自由譲渡性の原則を規定している。特許や半導体集積回路の回路配置の場合と異なり、商標の強制使用許諾を禁止することについては、各国に異論がなかった。商標の譲渡は原則として自由であるが、本条では例外的に商標が属する事業の移転とともにする場合のみ認められるとする制度を加盟国が有することも許容されている。したがって、わが国商標法24条の2第3項は、非営利目的の公共事業を行う者の商標権はその事業とともにでなければ移転できないと規定しているが、この規定は、本条のもとでも許容される（『逐条解説TRIPS協定』p94）。

## 7　地理的表示（第2部第3節）

### TRIPS 協定 22 条〜 24 条

　TRIPS 協定が達成した保護のレベルは、極めて高度であり、また、WTO の加盟国の多さを考えると、地理的表示の保護は著しく強化された（『逐条解説 TRIPS 協定』p98）。

## 8　意匠（第2部第4節）

### TRIPS 協定 25 条、26 条

　パリ条約 5 条の 5 は、「意匠は、すべての同盟国において保護される。」との簡潔な規定を置いているだけである。TRIPS 協定も意匠に関しては、全 2 ヵ条とそれほど詳細な権利保護の基準を定めているわけではない。しかし、WTO の全加盟国の間で一定の要件を満たす意匠が権利として十分に保護され、また、この権利が TRIPS 協定第 3 部の規定を通じ、裁判手続等により確実に行使できるようになることの意義は、非常に大きいといえる（『逐条解説 TRIPS 協定』p117）。

## 9　特許（第2部第5節）

### （1）TRIPS 協定 27 条

　TRIPS 協定 27 条は、TRIPS 協定の中で最も重要な条項の 1 つである。そして、最終的な決着に至るまでに先進国と開発途上国の間はもちろん、先進国同士の間でもきわめて深刻な対立がみられ、各国とも規定の受入れにあたっては高度な政治的判断が要求された条項でもある（『逐条解説 TRIPS 協定』p124）。

### （2）TRIPS 協定 31 条

　TRIPS 協定 31 条は、特許権者の許諾を得ないで行われ

第 5 章　条　　約

る特許使用のうち、TRIPS 協定 30 条に規定された以外の
ものに関し、そのような使用を国内法令において認める場
合に遵守しなければならない条件を明確にした規定である
（『逐条解説 TRIPS 協定』p144）。

## 10　TRIPS協定に関するわが国の対応

### (1)　特許法等の改正

　TRIPS 協定を遵守するために、平成 6 年改正で次の事項
について特許法等の改正がなされた。

① 　特許法 67 条　　　cf. TRIPS 協定 33 条

② 　特許法 32 条　　　cf. TRIPS 協定 27 条 (1)・(2)

③ 　特許法 2 条 3 項　　　cf. TRIPS 協定 28 条

④ 　特許法 90 条　　　cf. TRIPS 協定 31 条 (g)

⑤ 　特許法 94 条 1 項・2 項　　　cf. TRIPS 協定 31 条 (e)

⑥ 　特許法 94 条 3 項　　　cf. TRIPS 協定 31 条 (e)

⑦ 　特許法 30 条 3 項、商標法 4 条 1 項 2 号・5 号
　　cf. TRIPS 協定 2 条 (1)

⑧ 　特許法 43 条の 3（パリ条約の例による優先権）
　　cf. TRIPS 協定 2 条 (1)、3 条、4 条

⑨ 　商標法 4 条 1 項 17 号　　　cf. TRIPS 協定 23 条 (2)、
　　24 条 (9)

⑩ 　商標法 47 条　　　cf. TRIPS 協定 24 条 (7)

### (2)　パリ条約の例による優先権

① 　特許法 43 条の 3 第 1 項

　（ⅰ）　趣旨

　　　従来は、パリ条約 4 条の規定に基づき、パリ同盟国
　　民（準同盟国民を含む。）がパリ同盟国のいずれかに
　　おいてした出願に基づく優先権が認められていた。

　　　これに対して、TRIPS 協定では、2 条 (1) において
　　「加盟国は、第 2 部から第 4 部までの規定について、

> **第 4 節　TRIPS 協定の概要**

> **補足説明**
> 　特許法 43 条の 3 の規定は、実用新案法 11 条、及び意匠法 15 条でそれぞれ準用されている。
> 　商標法では、特許法の規定を準用せずに、商標法 9 条の 3 を別途規定している。

109

1967 年のパリ条約の第 1 条から第 12 条まで及び第 19 条の規定を遵守」しなければならない旨を規定するとともに、内国民待遇（TRIPS 3 条）及び最恵国待遇（TRIPS 4 条）を規定している。

そこで、これらの TRIPS 協定の規定等を踏まえ、特許法 43 条の 3 第 1 項で、所定の優先権の主張が可能であることを規定した。

（ⅱ） 具体的な内容

わが国は、パリ同盟国であるとともに WTO 加盟国でもあることから、パリ条約の義務と TRIPS 協定の義務のいずれも履行する必要がある。すなわち、わが国は、パリ同盟国の国民に対して、パリ条約の義務を履行しなければならない。また、わが国は、WTO 加盟国の国民に対して、TRIPS 協定の義務（TRIPS 2 条、TRIPS 3 条、TRIPS 4 条）を履行しなければならない。

そこで、わが国では、次のような優先権を認めている。

| 日本国特許庁に出願した出願人 | 第 1 国出願をした国（日本国を除く） | 特許法 43 条の 3 第 1 項の欄 |
|---|---|---|
| WTO加盟国の国民 | パリ同盟国 | ①特許法43条の3第1項　左欄 |
| WTO加盟国の国民 | | ②特許法43条の3第1項　左欄 |
| パリ同盟国の国民 | WTO加盟国 | ③特許法43条の3第1項　右欄 |
| 日本国民 | | ④特許法43条の3第1項　右欄 |

上の表①の場合は、TRIPS 協定 3 条（内国民待遇）及び 4 条（最恵国待遇）の規定に基づくものである。

上の表②の場合は、TRIPS 協定 2 条（知的所有権に関する条約）（1）の規定に基づくものである。

上の表③の場合は、TRIPS 協定の規定に基づくものではない。すなわち、このような場合を認める義務を、加盟国であるわが国は、TRIPS 協定により課されていない。しかしながら、WTO 加盟国の国民には、上の表①の場合が認められることを踏まえ、パリ同盟国民

にWTO加盟国の国民と同等の待遇を認めたものである。

上の表④の場合は、単に自国民（日本国民）の保護のためのものである。

② 特許法43条の3第2項

（ⅰ） 趣旨

パリ同盟国及びWTO加盟国のいずれでもない国における出願に基づく優先権の主張について規定したものである。すなわち、「パリ条約の同盟国又は世界貿易機関の加盟国のいずれにも該当しない国のうち、日本国民に対し、日本国と同一の条件により優先権の主張を認めることとしている国であって、特許庁長官が指定するもの（特定国）」に第1国出願された場合にわが国で認められる優先権を規定したものである。

（ⅱ） 具体的な内容

わが国は、相互主義的な観点から、次のような優先権を認めている。

| 日本国特許庁に出願した出願人 | 第1国出願をした国（日本国を除く） | 特許法43条の3第1項の欄 |
|---|---|---|
| 特定国の国民 | その特定国 | ⑤特許法43条の3第2項　前者 |
| パリ同盟国の国民 | | ⑥特許法43条の3第2項　後者 |
| WTO加盟国の国民 | | ⑦特許法43条の3第2項　後者 |
| 日本国民 | | ⑧特許法43条の3第2項　後者 |

③ 特許法43条の3第3項

パリ条約の例による優先権を主張するための手続について規定している。具体的には、パリ条約による優先権の場合の手続を定めた特許法43条を読み替えすることなく、そのまま準用している。

**補足説明**
　特定国として以前では中華民国（台湾）だけが特許庁長官により指定されていた。しかし、2002年1月1日に中華民国（台湾）がWTOに加盟した。したがって、現在では特定国として指定されている国はない。

> **事例解答**
>
> パリ条約の基本原則が、①内国民待遇の原則、②優先権制度及び③工業所有権独立の原則であるのに対して、TRIPS協定では、①ミニマム・スタンダード（協定の保護水準は、加盟国が遵守すべき最低基準、②パリ条約未加盟国に対しても、同条約の実質的規定の順守を義務化（「パリ・プラス」アプローチ）及び③内国民待遇、最恵国待遇を基本原則としている。

# memo

## 第 5 節
# ハーグ協定の概要

重要度 ★★★

### 事例問題

海外において意匠権を取得するには、どのような方法があるだろうか？

⇒解答は119頁

### 学習到達目標

①ハーグ協定の概要を理解
②ハーグ協定と国内法との関係を理解

★　目標到達までのチェックポイント

☑ハーグ協定の概要を理解したか
☑ハーグ協定と国内法（特に意匠法6章の2）との関係を理解したか

▼　他の項目との関連性

『エレメンツ2　意匠法／商標法』の第3章 意匠法 第21節 意匠法第6章の2

「『エレメンツ2　意匠法／商標法』の第3章 意匠法 第21節 意匠法第6章の2」の規定との関連性が高い。意匠法6章の2の条文を常に参照されたい。

114

第5章 条 約

# 1 概要

## (1) 目的と沿革

ハーグ協定は、パリ条約19条の特別取極に基づく、意匠の国際登録に関する条約である。世界知的所有権機関が管轄しているが、複数の国々に対する出願等の負担軽減のために創設された条約である。

1925年11月6日にオランダのハーグで締結されたものであり、ロンドンアクト（1928年1月1日発行）、ハーグアクト（1960年11月28日発行）、ジュネーブアクト（2003年12月23日発行）が存在しているが、現在ロンドンアクトは凍結されており、後者の2つのアクトのみが動いている。

## (2) 意義

本協定はあくまで手続的負担の軽減という目的から設けられた協定である。その意味では商標に関するマドリッド協定議定書と同じ意義を有するが、マドリッド協定議定書とは異なり、基礎出願・基礎登録が不要である、事後指定が不可である、自己指定が可能である等の違いがある。

## (3) 概要

このように、ハーグ協定は各国別に発生する出願手続を一元化し、国際事務局への一つの出願手続で、指定した締約国それぞれに出願した場合と同等の効果を得ることができる意匠の国際出願及び登録システム（産業構造審議会知的財産分科会『創造的なデザインの権利ほどによる我が国企業の国際展開支援について』p.2）である。

# 2 出願手続

## (1) 国際出願

国際出願は国際事務局に対しても、又は、出願人の締約

**補足説明**
実体審査を行っている締約国は、その締約国の出願人が国際出願で自らの国を指定した場合、自国の指定が効果を有しない旨を、宣言により事務局長に通告することができる（14条(3)）。

**補足説明**
なお、各締約国官庁を通じた国際出願を受け付ける場合には、国際事務局に送付する際の手数料を徴収することができる（4条(2)）。

第5節 ハーグ協定の概要

115

国の官庁を通じて出願することが可能である（4条(1)(a)）。前者を直接出願、後者を間接出願という。しかし、締約国の官庁は締約国を通じて国際出願することができない旨を宣言でき（4条(1)(b)）、その場合には国際事務局に対してのみ国際出願が可能である。

各国代理人を通す必要がないので、手数料を削減できるというメリットがある。

### (2) 出願日の認定

直接出願の場合には、国際事務局が国際出願を受理した日が出願日となる（9条(1)）。出願書類に不備がある場合には、不備の補正を国際事務局が受領した日が出願日とされる（9条(3)）。間接出願の場合には、国際事務局が1ヶ月以内に受理することを条件に締約国官庁が受理した日が出願日となる（9条(2)、規則13条(3)(i)）。国際出願日は原則として国際登録の日である（10条(2)）。

### (3) 出願人適格

締約国の国民、又は、締約国内に住所、常居所、若しくは、現実かつ真正の工業上若しくは商業上の営業所を有する者が、出願人適格を有する（3条）。

### (4) 出願書類

① 言語

国際出願は、フランス語、英語又はスペイン語で作成されなければならない（5条、共通規則6条）。

② 記載事項

記載事項は協定5条と共通規則7条以下に記載されている。

具体的には、氏名又は名称（共通規則7条(3)(i)）、住所（共通規則7条(3)(ii)）、出願人適格を有する根拠となる締約国名（共通規則7条(3)(iii)）、意匠等を構成す

る製品（共通規則7条(3)(iv)）、意匠の数（共通規則7条(3)(v)）、指定締約国（共通規則7条(3)(vi)）、手数料の額等（共通規則7条(3)(vii)）、場合によっては創作者名（共通規則8条(1)）などがある。また、意匠の複製物も図面等により提出する（共通規則9条）。

## 3 公表

国際事務局は原則として国際登録から12ヶ月後に公表（10条(3)、共通規則17条(1)(iii)）されるが、出願人の請求によって早期公表もありうる（共通規則17条(1)(i)）。

一方で、公表の延期も可能であり（共通規則17条(1)(ii)）、期間は最大で（優先権主張される場合には優先日から）30ヶ月である（11条、共通規則16条(1)）。

## 4 国際登録の写しの送付

国際事務局は受理を希望する締約国に国際登録の写しを、国際登録完了後に送付する（10条(5)(a)）。公開延期期間中であっても、秘密を保持する義務があるものの、当該写しを利用して審査に着手することが締約国官庁は可能である（10条(5)(b)）。

## 5 締約国における実体審査

国際事務局からその国際登録の写しが各指定国官庁に送付されることにより、実体審査が開始される。指定国官庁は、自国での保護を拒絶する旨を国際事務局に通報することが可能である（12条(2)、共通規則18条(1)(b)）。拒絶通報期間は、国際登録の公表から6ヶ月であるが（共通規則18条(1)(a)）、審査主義国はその期間を12ヶ月に置き換える旨を通告することが可能である（共通規則18条(1)

(b))。

拒絶通報にはその根拠となる理由が記載され（12条(2)(b))、出願人には指定国内で出願人に与えられているものと同様の救済措置が与えられる（12条(3)(b))。日本の場合は例えば意見書があげられる（青木博道「意匠の国際登録制度『ハーグ協定ジュネーブアクト』と自己指定の留保」パテント65巻3号（2012）66頁）。

## 6 国際出願および国際登録の効果

国際出願が方式審査を経て国際登録されると、国際登録日から、指定締約国の国内法の出願と同様の効果が生じる（14条(1))。また、拒絶通報期間内に拒絶通報がなされない場合には、国際登録は指定締約国の国内法が与える意匠法の保護と同様の効果を得ることができる（14条(2))。

## 7 存続期間

存続期間は、国際登録日から5年であるが（17条(1))、5年ごとの更新が可能であり（17条(2))、最大15年まで可能である（17条(3)(a))。15年以上の存続期間を指定国が定めている場合には当該存続期間が適用される（17条(3)(b))。

### 事例解答

外国で意匠権を取得するための出願手続には、①権利を取得したい国や地域の特許庁に対して直接出願をする方法、②ハーグ協定のジュネーブ改正協定に基づき、WIPO国際事務局に対して国際出願をする方法がある。

ここで、ハーグ国際出願は、1つの出願書類をWIPO国際事務局又は日本国特許庁のいずれかに対して提出するとともに、手数料をWIPO国際事務局に対して直接納付することにより行う。出願書類と手数料を受領したWIPO国際事務局は、方式審査を行い、手続に不備がないと判断すると、国際登録簿に出願の内容を登録する（国際登録）。国際登録されると、出願時に選択した意匠権を取得したい国（指定締約国）に対して正規に出願した場合と同一の効果を得ることができる（国際登録により、指定締約国で自動的に意匠権が発生するわけではない）。

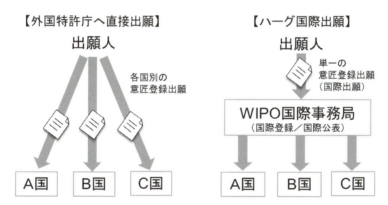

2021年度知的財産権制度説明会（初心者向け）テキスト『知的財産権制度入門』P108より

第 6 章

# 不正競争防止法

# 不正競争防止法の概要

重要度 ★★★

> **事例問題**
> 甲社は、製造ノウハウなどについては、その内容が公開されてしまうことを避けるため、特許出願をあえて行わず、ノウハウとして秘匿しておくことを考えた。この場合、製造ノウハウは、まったく保護されないのだろうか？
> ⇒解答は126頁

> **学習到達目標**
> 不正競争防止法の目的と他の産業財産権法との位置付けを理解

★ 目標到達までのチェックポイント
☑不正競争防止法の目的を理解したか。
☑他の産業財産権法との関係を把握したか。

▼ 他の項目との関連性
不正競争防止法の目的はつねにすべての項目と関連する。

# 1 不正競争防止法の目的等

**不正競争防止法第1条（目的）**
　この法律は、事業者間の公正な競争及びこれに関する国際約束の的確な実施を確保するため、不正競争の防止及び不正競争に係る損害賠償に関する措置等を講じ、もって国民経済の健全な発展に寄与することを目的とする。

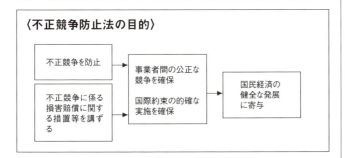

〈不正競争防止法の目的〉

## (1)「事業者間の公正な競争を確保」

　不正競争防止法の目的は、不正競争によって営業上の利益を侵害され、又は侵害されるおそれのある者に対し不正競争の停止・予防請求権等を付与することにより不正競争の防止を図るとともに、その営業上の利益が侵害された者の損害賠償に関する措置等を整備することにより、事業者間の公正な競争を確保しようとするものである。

## (2)「事業者間の公正な競争に関する国際約束の的確な実施を確保」

　「国際約束」とは、国際的な取極である条約や協定等で、わが国がその履行を約束したものを指す。現在においては、パリ条約、マドリッド協定、TRIPS協定及び国際商取引における外国公務員に対する贈賄の防止に関する条約等を意味する（『逐条解説不正競争防止法』p34）。

## 2 不正競争防止法と産業財産権法との関係

特許法、商標法等が客体に権利を付与するという方法により知的財産の保護を図るものであるのに対し、不正競争防止法は、「不正競争」行為を規制するという方法により知的財産の保護を図るものである（『逐条解説不正競争防止法』p26）。

## 3 救済・制裁の対象としての不正競争の行為

不正競争防止法では、不正競争行為を列挙し、列挙された行為類型のみを同法による救済・制裁の対象としている。すなわち、社会的なコンセンサス（合意）が得られた行為について、その都度、個別類型化により保護を図っている。何が不正競争行為であるかについて必ずしも社会的なコンセンサスがない段階で一般条項を導入することは弊害を生ずるおそれがあると考えたからである。

## 4 不正競争防止法の概観

① 規制すべき行為

不正競争となる行為（不競2条1項各号）

条約上の禁止行為（不競16条～18条）

② 民事上の措置

差止請求権（不競3条）

損害賠償（不競4条）

特別規定（不競5条～13条）

信用回復の措置（不競14条）

③ 刑事上の措置

刑罰（不競21条）

両罰規定（不競22条）

刑事訴訟手続の特例

---

**用語**
ここにいう「知的財産」とは、特許法等の産業財産権、著作権、不正競争防止法上保護すべき利益を含んだ概念である。

**用語**
「一般条項」
一般的・抽象的に法律行為の要件を定めた実体法上の規定をいう。

**補足説明**
不正競争防止法は、その法目的の実現手段として、当事者間の差止請求や損害賠償請求等の民事的な規制を基本としており、消費者に誤認混同を与える等の公益の侵害が著しい行為類型のみを刑事罰の対象としている（不競21条）。

第6章　不正競争防止法

④　その他

差止請求権の消滅時効（不競 15 条）

民事上及び刑事上の措置についての適用除外等（不競
19 条）

**5** **実務上の使われ方** （『平成30年度知的財産権制度説明会
（実務者向け）テキスト』p8、9）

### (1) 敗訴リスクの低減

不正競争防止法で勝訴しても産業財産権法では非侵害と
なるケースがあり、その逆の場合もある。産業財産権のみ
では、被告に権利行使の制限を抗弁（特 104 条の 3 等）さ
れるおそれがある。したがって、請求原因として産業財産
権法と不正競争防止法の両方を提起しておけば、敗訴リス
クを低減することができる。

### (2) 費用の節約・期間の短縮

不正競争防止法は登録を要しないので、侵害後ただちに
訴訟を提起できる。請求原因は口頭弁論終結までに追加で
きるから、侵害が起きたものについてのみ産業財産権の登
録をすれば間に合う。したがって、不正競争防止法により、
審査登録費用や製品開発期間を短縮できる。

### (3) 訴訟上の攻撃方法の多様化

産業財産権は権利範囲が狭いが、絶対的な効力を持つ。
不正競争防止法は産業財産権とならないものも含めて幅広
く不正行為を捕捉できるが、効力は相対的でしかない。し
たがって、不正競争防止法により、侵害の態様によって多
様な攻撃方法を選択できる。

第1節　不正競争防止法の概要

125

> **事例解答**
>
> 甲社の製造ノウハウは、秘密として管理されていれば、営業秘密として不正競争防止法で保護され、不正な使用・開示が行われた場合、差止請求や損害賠償請求を行うことができる。

# memo

## 第 2 節
# 著名表示の冒用行為

重要度 ★★★

### 事例問題

ファッション・ブランドである企業甲の周知な商品表示をタクシー会社乙が商号として用いる行為は、甲乙間に競争関係がなければ、不正競争防止法第2条第1項第1号の不正競争とならないのだろうか？　　⇒解答は134頁

### 学習到達目標

①著名表示の冒用行為の類型とその要件を理解
②短答式で最もよく問われるので、要件はすべて暗記

### ★　目標到達までのチェックポイント

☑不正競争防止法2条1項1号の内容を理解したか。
☑不正競争防止法2条1項2号の内容を理解したか。
☑両号の相違を理解したか。
☑両号の要件を暗記したか。

### ▼　他の項目との関連性

**第11節　適用除外等**

著名表示の冒用行為はとくに商標法との関連性が高い。つねに商標法を見返しながら勉強を進めたい。また、「第11節　適用除外等」と大きな関連性があるので、併せて見ておきたい。

第6章　不正競争防止法

# 1 混同惹起行為 （不競2条1項1号）

**不正競争防止法第2条第1項第1号（定義）**

1　この法律において「不正競争」とは、次に掲げる
　ものをいう。

一　他人の商品等表示（かっこ書略）として需要者
　の間に広く認識されているものと同一若しくは類
　似の商品等表示を使用し、又はその商品等表示を
　使用した商品を譲渡し、引き渡し、譲渡若しくは
　引渡しのために展示し、輸出し、輸入し、若しく
　は電気通信回線を通じて提供して、他人の商品又
　は営業と混同を生じさせる行為

## (1) 趣旨

　自己の商品・営業を他人の商品・営業と混同させる行為
を不正競争の一類型として定めた規定である。具体的には、
他人の氏名、商号、商標等、他人の商品等表示として需要
者間に広く知られているものと同一又は類似の表示を使用
して、その商品又は営業の出所について混同を生じさせる
行為を規制するものである（『逐条解説不正競争防止法』
p63)。

## (2)「他人の商品等表示」

　「他人の商品等表示」とは、人の業務に係る氏名、商号、
商標、標章、商品の容器若しくは包装その他の商品又は営
業を表示するものをいう（不競2条1項1号かっこ書）。
すなわち、商品の出所を示す表示（商品表示）又は営業の
主体を示す表示（営業表示）をいう。

① ここにいう「商標」とは、商標法上の商標をいう（不
　競2条2項）。

② ここにいう「標章」とは、商標法2条1項に規定す
　る標章をいう（同条3項)。

---

第2節　著名表示の冒用行為

**用語**

「商品等表示」とされる
ためには、自他識別力又
は出所表示機能を有する
ことが必要である。逆に
これらを有するものであ
れば、文字やマークに限
られず、また、視覚によ
るものにも限られない。
　商品の形態（例：眼鏡
枠又はパソコン等）が商
品等表示とされる場合が
ある。また、商品の模様
（例：ジーンズの後ろポ
ケット部の弓形刺繍等）
が商品等表示とされる場
合がある。

129

③　ここにいう「商品」には、市場における流通の対象物となる有体物又は無体物をいう。すなわち、書体（デジタルフォント）等の無体物も商品に含まれる（『逐条解説不正競争防止法』p64-65）。

④　ここにいう「営業」とは、単に営利を直接の目的として行われる事業に限らず、事業者間の公正な競争を確保するという目的からして、広く経済収支上の計算の上に立って行われる事業一般を含む。事業に営利性は要求されない。たとえば、病院経営、公益法人の拳法普及活動、尺八音楽普及活動等でも、「営業」に該当する。もっとも、宗教法人の本来的な宗教活動及びこれと密接不可分の関係にある事業は「営業」に含まれないとするのが判例（最判平成18年1月20日［天理教事件］）である。（『逐条解説不正競争防止法』p65）。

## (3)「他人」

ここにいう「他人」とは、自然人、法人等の商品等表示の主体となるものをいう。また、特定の表示の使用許諾者、使用権者及び再使用権者のグループのように、同表示の持つ出所識別機能及び顧客吸引力等を保護発展させるという共通の目的のもとに結束しているグループ等も含まれる（『逐条解説不正競争防止法』p64）。

## (4)「需要者の間に広く認識」

いわゆる周知であることをいう。

「広く認識されている」地域は、日本全国である必要はなく、少なくとも一地方において広く認識されていれば足りる（『逐条解説不正競争防止法』p70）。

なお、需要者は、その商品等の取引の相手方を指すものであって、最終需要者に至るまでの各段階の取引業者もこれに含まれる（『逐条解説不正競争防止法』p70）。

**補足説明**
不正競争防止法2条1項1号で「周知」と認められたものとしては、たとえば、リーバイスの「501」や、ジーンズの後ろのポケットに付いている小さい「赤いタブ」等がある。

第6章　不正競争防止法

### (5)「同一若しくは類似」

不正競争防止法2条1項1号は、需要者の間に広く認識されているものと同一若しくは類似の商品等表示を対象としている。

ここでの「類似」は、それが不正競争の目的達成の手段となるかどうかにより決定される。すなわち、表示における欺瞞的な配列や不正競争意図の現れた表示に対しては、類否判断において厳しく考えていかねばならない。逆に、表示を全体的に観察すべく、外観・称呼・観念という3つの要素のいずれかが形式的に近似していても、取引実情の勘案によって類似しないものと考え得る。

このように、不正競争防止法の類否判断は、商標法の場合に比べて弾力的に行われる（『新・注解 不正競争防止法』上巻 p296）。

### (6)「使用」

ここにいう「使用」とは、他人の商品等表示を商品又は営業に用いることをいう。

ただし、他人の商品等表示を自他識別機能又は出所識別機能を果たす態様で使用していない場合には、商品等表示の「使用」には該当しない（『逐条解説不正競争防止法』p71）。

### (7)「輸出」

GHQ（連合国軍最高司令官総司令部）の日本政府に対する覚書による指示を受け、昭和25年（1950年）の一部改正で「輸出」が規定された。

**補足説明**
商標法を除く産業財産権法で「輸出」が規制されたのは平成18年改正の際である。

### (8)「混同」

「混同」を生じさせる行為には、A社の商品と誤認してB社の商品を購入すること（狭義の混同）だけでなく、B社がA社の系列会社であると誤認してB社の商品を購入す

**判例**
広義の混同も含むことを確定した事件として、スナックシャネル事件（最判平10.9.10（平成7年（オ）637号））がある。

第2節　著名表示の冒用行為

ること（**広義の混同**）も含まれる（『逐条解説不正競争防止法』p73）。A社とB社との間には競争関係があることは必要としない（『不正競争防止法』p42）。

### (9) 事例（iMac事件（東京地決平成11年9月20日）

　アップルコンピュータ株式会社等が、株式会社ソーテックを訴えた事件である。より具体的には、「iMac」の形態がアップルコンピュータ株式会社等らの商品表示として需要者の間に広く認識されているものであり、「e-one」の形態はこれと類似し、「iMac」との混同のおそれがある旨を主張して、株式会社ソーテックに対し、不正競争防止法3条1項、2条1項1号にもとづき、「e-one」の製造、販売等の差止めを求める申立てをした事案である。判決では、「周知商品表示性」、「類似性」及び「混同のおそれ」を認定し、アップルコンピュータ株式会社等の主張を認めた。

**補足説明**
　「周知商品表示性」については、パーソナルコンピュータとしては形態上きわめて独創性が高く、しかもヒット商品になっていることを理由に認定された。また、「類似性」については、両商品は、青色と白色とのツートンカラーの半透明の外装部材で覆われた全体的に丸味を帯びた一体型のパーソナルコンピュータであること等を理由に認定された。また、「混同のおそれ」については、需要者が、少なくとも「e-one」を製造販売する株式会社ソーテックがアップルコンピュータ株式会社等らとなんらかの資本関係、提携関係等を有するのではないかと誤認混同するおそれがあるとして認定された。

## 2　著名表示冒用行為 （不競2条1項2号）

> **不正競争防止法第2条第1項第2号（定義）**
> 1　この法律において「不正競争」とは、次に掲げるものをいう。
> 　二　自己の商品等表示として他人の著名な商品等表示と同一若しくは類似のものを使用し、又はその商品等表示を使用した商品を譲渡し、引き渡し、譲渡若しくは引渡しのために展示し、輸出し、輸入し、若しくは電気通信回線を通じて提供する行為

**補足説明**
　不正競争防止法2条1項2号は、1号と異なり、「混同」を要件としていない。

### (1) 趣旨

　現代の情報化社会において、さまざまなメディアを通じ商品表示や営業表示が広められ、そのブランド・イメージがきわめてよく知られるものとなると、それが持つ独自の

ブランド・イメージが顧客吸引力を有し、個別の商品や営業を超えた独自の財産的価値を持つに至る場合がある。

このような著名表示を冒用する行為によって、たとえ混同（コンフュージョン：confusion）が生じない場合であっても、冒用者は自らが本来行うべき営業上の努力を払うことなく著名表示の有している顧客吸引力（グッドウィル：good will）に「ただのり（フリーライド：free-ride）」することができる一方で、永年の営業上の努力により高い信用・名声・評判を有するに至った著名表示とそれを本来使用してきた者との結び付きが薄められる（希釈化、ダイリュージョン：dilution）ことになる。

このような著名表示の冒用事例においては、高い信用・名声・評判を有する著名表示の財産的価値が侵害されていることが問題なのであって、「混同」が生じているか否かは必ずしも重要ではないと考えられる。

そこで、他人の著名な商品等表示の冒用行為について、混同を要件とすることなく不正競争と位置付ける本規定が設けられている（『逐条解説不正競争防止法』p74 〜 76）。

### (2)「著名」

「著名」であるといえるためには、通常の経済活動において、相当の注意を払うことによりその表示の使用を避けることができる程度にその表示が知られていることが必要である。具体的には、全国的に知られているようなものを想定している（『逐条解説不正競争防止法』p77）。

### (3) その他（『平成30年度知的財産権制度説明会（実務者向け）テキスト』p16）

不正競争防止法2条1項2号の保護の特徴は、登録を要さずして非類似の商品又はサービスについての「類似の商品等表示」に対して保護を及ぼすことができる点にある。すなわち、商標権の場合は、登録により類似の商品又は役

**補足説明**
不正競争防止法2条1項2号で「著名」と認められたものとしては、たとえば、「セイロガン糖衣A」や「ピーターラビット」等がある。

**補足説明**
「著名」は、「周知」よりも広い範囲での知名度を要する。

務についての類似の商標にも効力が及ぶが、非類似の商品
又は役務の場合には、その効力が及ばない。

**事例解答**

他人である甲の周知な商品等表示を乙が商号として用いる行為は、当該行為
により、甲の商品等と混同を生じさせる行為である場合、不正競争防止法第
2条第1項第1号の不正競争となる。また、混同とは広義の混同も包含され、
競争関係がなくとも混同は生じ得る。そのため、ファッション・ブランドで
ある企業甲の周知な商品表示をタクシー会社乙が商号として用いる行為は、
不正競争防止法第2条第1項第1号の不正競争となる。

# memo

## 第 3 節
# 商品形態の模倣行為

重要度 ★★★

### 事例問題

ハンドバッグの製造業者が、他人の製造販売するハンドバッグとそっくりの
ハンドバッグを試作する行為は不正競争となるのだろうか？ ⇒解答は139頁

### 学習到達目標

①商品形態模倣行為の内容を理解
②要件は例外も含めて把握

### ★ 目標到達までのチェックポイント

☑不正競争防止法2条1項3号の趣旨を理解したか。
☑その要件を理解したか。
☑時期的制限を理解したか。

### ▼ 他の項目との関連性

**第11節 適用除外等**
当該項目はとくに意匠法との関連性が高い。随時参照されたい。また、「第
11節 適用除外等」との関連性も高い。併せて見ておく必要がある。

第6章　不正競争防止法

## 1 商品の形態を模倣した商品を譲渡等する行為
（不競2条1項3号）

> **不正競争防止法第2条第1項第3号（定義）**
> 1　この法律において「不正競争」とは、次に掲げる
> ものをいう。
> 三　他人の商品の形態（当該商品の機能を確保する
> ために不可欠な形態を除く。）を模倣した商品を
> 譲渡し、貸し渡し、譲渡若しくは貸渡しのために
> 展示し、輸出し、又は輸入する行為

### (1) 趣旨

　商品ライフサイクルの短縮化、流通機構の発達、複写・複製技術の発展を背景として、他人が市場において商品化するために資金・労力を投下した成果の模倣がきわめて容易に行い得る事態が生じている。模倣者は商品化のためのコストやリスクを大幅に軽減することができる一方で、先行者の市場先行のメリットは著しく減少し、模倣者と先行者との間には競争上著しい不公正が生じ、個性的な商品開発、市場開拓への意欲が阻害されることになる。このような状況を放置すれば、公正な競業秩序を崩壊させることにもなりかねない。

　このような観点から、商品の形態を模倣した商品を譲渡等する行為（いわゆるデッドコピー）を不正競争と位置付ける本規定が設けられている（『逐条解説不正競争防止法』p79、80）。

### (2) 「模倣（デッドコピー）」

　「模倣する」とは、他人の商品の形態に依拠して、これと実質的に同一の形態の商品を作り出すことをいう（不競2条5項）。

　ここで、「模倣」といえるためには、次の2つが判断の

---

第3節　商品形態の模倣行為

---

**●補足説明**

　本号制定のきっかけとなったのが、木目化粧紙事件である（東京高判平成3年12月17日（平成2年（ネ）第2の33号））。
　本事件は木目化粧紙をデッドコピーした者に対して損害賠償等を請求した事案である。

137

**補足説明**
「デッドコピー(dead copy)」の不正競争防止法による規制は、2条1項3号の規定があるが、混同惹起行為(不競2条1項1号)や他の法規にもとづいて争われるケースも依然としてある。他の法規としては、著作権法による規制や民法709条による規制がある(『不正競争防止法』p68〜71)。

**補足説明**
不正競争防止法2条4項は、平成17年の一部改正によって追加された解釈規定である。なお、平成17年の一部改正の前では、「商品の形態」は、「他人の商品と同種の商品(同種の商品がない場合にあっては、当該他人の商品とその機能及び効用が同一又は類似の商品)が通常有する形態を除く」と定められていた。

**補足説明**
意匠法では、物品の形状、模様若しくは色彩又はこれらの結合(意2条1項)を意匠として保護する。したがって、図面化できない光沢や質感のように物品の形状等に該当しないものは、意匠の構成要素とならない。

要素として挙げられる。

① 他人の商品にアクセスすること

② 結果の実質同一性

したがって、たとえ結果が実質的に同一であっても、独自に創作した場合はアクセスしていないため、「模倣」の範疇には含まれない。

### (3) 「商品の形態」

① 「商品の形態」とは、需要者が通常の用法に従った使用に際して知覚によって認識することができる商品の外部及び内部の形状並びにその形状に結合した模様、色彩、光沢及び質感をいう(不競2条4項)。

② 「商品の機能を確保するために不可欠な形態」については、「商品の形態」から除外される(不競2条1項3号かっこ書)。

たとえば、コップの形態として、中に液体を入れるためには側面と底面とを有しているのは商品の機能を確保するために不可欠な形態である。しかしながら、コップの縁の形状や側面の模様が特徴的であるような場合においては、このような特徴的な部分まで模倣することは「不正競争」に該当する。(『逐条解説不正競争防止法』p83)。

### (4) 模倣行為自体を「不正競争」としない理由

模倣行為(製造)自体を対象とすると、試験研究のための模倣行為まで対象とされる等、規制が過度になり妥当ではない。このため、模倣行為自体すなわち製造を「不正競争」とはせず、模倣した商品を譲渡等する行為のみを「不正競争」とすることとしている(『逐条解説不正競争防止法』p84)。

### (5) 時期的制限

従来の「最初に販売された日から起算して3年を経過していないこと」という時期的制限が、不正競争防止法2条1項3号から削除され、そのような時期的制限は、不正競争防止法19条1項5号イで規定されることになった。

なお、不正競争防止法19条1項5号ロには、模倣商品を譲り受けた者が、その譲り受けの際、その商品が模倣商品であることについて善意・無重過失であった場合には、取引の安全の保護の見地から、適用除外する旨が規定されている。

### (6) 事例（たまごっち事件（東京地判平成10年2月25日））

株式会社バンダイ等が、株式会社永光を訴えた事件である。株式会社バンダイ等が販売している「たまごっち」（キーホルダー型液晶ゲーム機。ペット飼育玩具）の形態を模倣した「ニュータマゴウォッチ」を輸入販売している株式会社永光の行為について、差止めが認められた。

**判例**

なお、この事件では、株式会社永光の行為は、不正競争防止法2条1項3号の不正競争行為に該当するのみならず、同項1号の不正競争行為にも該当することが認定され、さらには、意匠権の侵害も成立することが認定された。

**事例解答**

他人の製造販売するハンドバッグとそっくりのハンドバッグを「試作する」という模倣行為自体は、「譲渡し、貸し渡し、譲渡若しくは貸渡しのために展示し、輸出し、又は輸入する行為」の何れの行為にも該当せず、不正競争防止法2条1項3号の不正競争とならない。模倣行為自体を対象とすると試験研究のための模倣行為まで対象とされると規制が過度になり、妥当でないからである。

## 第 4 節

# 営業秘密に係る不正行為

重要度 ★★★

### 事例問題

営業秘密不正取得行為により取得した技術上の情報を使用する行為は、営業秘密に係る不正競争となるが、そのような行為により生じた物を譲渡する行為は、営業秘密に係る不正競争とならないのだろうか？　　⇒解答は149頁

### 学習到達目標

①どのような行為が営業秘密に係る不正行為となるのかを理解
②すべての類型の相違を理解しないと短答式に対応できないことから、どのような行為が不正競争となるかを必ず暗記

★　目標到達までのチェックポイント

☑不正競争の類型を理解したか。
☑営業秘密の要件を挙げられるか。
☑営業秘密に対する不正行為を理解したか。

▼　他の項目との関連性

**第11節　適用除外等**
「第11節　適用除外等」との関連性が高い。必ず併せて見ておきたい。

140

## 1 趣旨

　企業が用いる成果の中には、たとえば香水の組成等、商品を分析してもその内容が分からないために秘密にしておけば産業財産権を取得しなくても模倣から免れることができるものがある。この場合、他者の商品を分析しても模倣を発見することが困難であるために、登録による公示制度を前提とする産業財産権の保護では、模倣抑止の実効性を期待できないかもしれない。加えて、成果の中には、たとえば顧客名簿等の、そもそも産業財産権の保護とは無関係のものもある。これらの成果を開発した者は、成果に関する情報を秘密に管理することで模倣を防ごうとする。

　しかし、ライバル企業のスパイ行為から完全に秘密を守ることは不可能である。秘密管理という成果開発のインセンティブ（incentive）を法的に担保するためには、相応の努力が払われている秘密管理体制を突破しようとする行為を禁止する必要がある。このような行為を禁止する法をとくに置かずとも、商法や民法による法的な保護を受けることが可能であるものの、十分ではない場合がある（『知的財産法』p41）。

　そこで、営業秘密に係る不正行為を不正競争の一類型として定めた（不競2条1項4号〜10号）。

## 2 営業秘密の定義

　営業秘密とは、秘密として管理されている生産方法、販売方法その他の事業活動に有用な技術上又は営業上の情報であって、公然と知られていないものをいう（不競2条6項）。

　すなわち、次の3つの要件すべてを満たすものが、不正競争防止法における営業秘密として扱われる。

## (1) 秘密として管理されていること（秘密管理性）

この要件は、当該営業秘密に関して、その営業秘密保有者が主観的に秘密にしておく意思を有していることではなく、従業員、外部者から客観的に秘密として管理されていると認められる状態にあることが必要である。具体的には、①当該情報がアクセスできる者が制限されていたり（アクセス制限の存在）、②当該情報にアクセスした者に当該情報が営業秘密であることが認識できるようにされていたり（客観的認識可能性の存在）することが必要である（『逐条解説不正競争防止法』p43、44）。

## (2) 事業活動に有用な技術上又は営業上の情報であること（有用性）

この要件に該当するものとしては、たとえば製品の設計図・製法、顧客名簿、販売マニュアル、仕入先リスト等がある。

ここでいうところの「有用な」とは、当該情報が現に事業活動に使用・利用されていることを要するものではないが、当該情報自身が事業活動に使用・利用されることによって費用の節約や経営効率の改善等に役立つことが必要である。

この「有用性」は営業秘密保有者の主観によって決められるものではなく、客観的に判断される（『逐条解説不正競争防止法』p45、46）。

## (3) 公然と知られていないこと（非公知性）

当該情報が刊行物に記載されていない等、営業秘密保有者の管理下以外では一般的に入手することができない状態にあることをいう。

営業秘密保有者以外の者が当該情報を知っていたとしても、人数の多少にかかわらず当該情報を知っている者に守秘義務が課されていれば、保有者の管理下にあることから、

---

**発展知識**

過去に失敗した実験データ等（ネガティブインフォメーション）についても、当該情報を利用して不必要な研究開発費用の投資を回避・節約できる等の意味で有用性が認められる場合には、ここでいう「有用性」を持つ情報に該当するものと考えられる。

一方、企業の脱税、有害物質を垂れ流している、禁制品の製造、内外の公務員に対する賄賂の提供等といった、反社会的な行為は、法文上明示されてはいないが、法が保護すべき「正当な事業活動」とは考えられず、そうした反社会的な行為に係る情報は事業活動に有用な情報であるとはいえないので、営業秘密には該当しないものと考えられる（『逐条解説不正競争防止法』p45、46）。

「公然と知られていない」状態にあるといえる（『逐条解説
不正競争防止法』p46、47）。

## 3 営業秘密に係る不正行為の類型

　営業秘密に係る不正行為は、大きく分けると以下のパ
ターンに分類される。

### (1) 不正取得類型（不競２条１項４号）

　営業秘密保有者から不正な手段で営業秘密を取得し、そ
の取得した営業秘密を使用、開示する行為

### (2) 信義則違反類型（不競２条１項７号）

　営業秘密保有者から正当に示された営業秘密を不正に使
用、開示する行為

### (3) 転得類型（不競２条１項５号・６号・８号・９号）

　① 取得時悪意転得類型
　　（ⅰ） 不競２条１項４号の営業秘密不正取得行為の介
　　　　 在について知って（悪意で）又は重過失により知ら
　　　　 ないで営業秘密を取得し、その取得した営業秘密を
　　　　 使用、開示する行為（不競２条１項５号）
　　（ⅱ） 不競２条１項７号の営業秘密不正開示行為の介
　　　　 在等について悪意又は重過失で営業秘密を取得し、
　　　　 その取得した営業秘密を使用、開示する行為（不競
　　　　 ２条１項８号）
　② 取得時善意転得類型
　　（ⅰ） 営業秘密を取得した後に、営業秘密不正取得行
　　　　 為（不競２条１項４号）の介在について悪意又は重
　　　　 過失で当該営業秘密を開示する行為（不競２条１項
　　　　 ６号）
　　（ⅱ） 営業秘密を取得した後に、営業秘密不正開示行

為（不競2条1項7号）の介在等について悪意又は重過失で当該営業秘密を使用、開示する行為（不競2条1項9号）

### (4) 営業秘密侵害品譲渡等類型（不競2条1項10号）

〈（1）～（3）の不正使用行為により生じた物を譲渡等する行為〉

〈営業秘密に係る不正行為〉

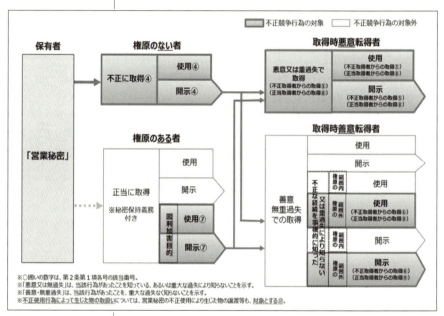

（『逐条解説不正競争防止法』p86～88）

**補足説明**
営業秘密に係る不正行為は、「営業秘密の不正取得行為」、「営業秘密の不正使用行為」及び「営業秘密の不正開示行為」の3つの態様に分類される。

## 4 営業秘密に係る不正行為
（不競2条1項4号～9号）

不正競争防止法2条1項4号～9号は、最初に営業秘密を保有者から不正に取得した場合を規定している。

**不正競争防止法第2条第1項第4号～第9号（定義）**
1 この法律において「不正競争」とは、次に掲げる

ものをいう。

四　窃取、詐欺、強迫その他の不正の手段により営
業秘密を取得する行為（以下「営業秘密不正取得
行為」という。）又は営業秘密不正取得行為によ
り取得した営業秘密を使用し、若しくは開示する
行為（秘密を保持しつつ特定の者に示すことを含
む。次号から第9号まで、第19条第1項第6号、
第21条及び附則第4条第1号において同じ。）

五　その営業秘密について営業秘密不正取得行為が
介在したことを知って、若しくは重大な過失によ
り知らないで営業秘密を取得し、又はその取得し
た営業秘密を使用し、若しくは開示する行為

六　その取得した後にその営業秘密について営業秘
密不正取得行為が介在したことを知って、又は重
大な過失により知らないでその取得した営業秘密
を使用し、又は開示する行為

七　営業秘密を保有する事業者（以下「営業秘密保
有者」という。）からその営業秘密を示された場
合において、不正の利益を得る目的で、又はその
営業秘密保有者に損害を加える目的で、その営業
秘密を使用し、又は開示する行為

八　その営業秘密について営業秘密不正開示行為
（前号に規定する場合において同号に規定する目
的でその営業秘密を開示する行為又は秘密を守る
法律上の義務に違反してその営業秘密を開示する
行為をいう。以下同じ。）であること若しくはそ
の営業秘密について営業秘密不正開示行為が介在
したことを知って、若しくは重大な過失により知
らないで営業秘密を取得し、又はその取得した営
業秘密を使用し、若しくは開示する行為

九　その取得した後にその営業秘密について営業秘

> 密不正開示行為があったこと若しくはその営業秘
> 密について営業秘密不正開示行為が介在したこと
> を知って、又は重大な過失により知らないでその
> 取得した営業秘密を使用し、又は開示する行為

### (1) 第一次取得者による行為（不競2条1項4号）

　営業秘密不正取得行為又は営業秘密不正取得行為により取得した営業秘密を使用し、若しくは開示する行為は、「不正競争」に該当する。

　「営業秘密不正取得行為」とは、窃取、詐欺、強迫その他の不正の手段により営業秘密を取得する行為をいう（不競2条1項4号かっこ書）。

　この営業秘密不正取得行為としては、会社役員や従業員がその退職に伴って発生する事例が多い（『不正競争防止法』p81）。なお、職務上正当に取得した場合は不正取得とはならない。

　「営業秘密を使用する行為」とは、営業秘密を自らの事業活動に活用することをいい、たとえば、製品の製造、販売その他の事業活動の実施のために営業秘密を直接使用したり、研究開発、商品開発その他の事業活動の実施のために営業秘密を参考にしたりするような行為をいう（『不正競争防止法』p83）。

　「営業秘密を開示する行為」としては、秘密を公開してしまう場合のほかに、秘密を保持しながら特定人にのみ開示する場合も含まれる（不競2条1項4号かっこ書）。

　開示の手段には、営業秘密の内容が固定された媒体（例：紙、FD、CD、DVD等）によって開示する手段と口頭で伝える手段とがある。

### (2) 第二次取得者による行為（不競2条1項5号）

　営業秘密不正取得行為の介在について悪意・重過失の取得行為、取得後の使用行為又は開示行為は、「不正競争」

---

**補足説明**
　営業秘密保有者自身による営業秘密の開示行為、使用行為は、不正競争防止法2条1項4号〜9号には規定されていない。

**補足説明**
例：従業員が会社の保管する大口受注報告書等の機密文書を窃取し、産業スパイに交付する行為等が該当する。

**法律用語**
「重過失」
　重大な過失をいい、具体的には、取引上要求される注意義務を尽くせば容易に不正取得行為の事実が判明するにもかかわらず、その義務に反する場合をいう。

**補足説明**
例：会社の機密文書を窃取した従業員から、産業スパイが当該機密文書を受け取る行為等。

に該当する。

営業秘密不正取得行為をなした者から直接取引きする場合だけでなく、途中に第三者が介在して間接的に取得する行為も含まれる。

### (3) 営業秘密取得後の第二次取得者による行為（不競2条1項6号）

第三者が営業秘密不正取得行為の介在について善意・無重過失で営業秘密を取得しても、その後に悪意・重過失に転じた場合、その営業秘密を使用又は開示する行為は、「不正競争」に該当する。

### (4) 第一次取得者による行為（不競2条1項7号）

営業秘密を保有する事業者（営業秘密保有者）から営業秘密が従業員やその他（下請け企業、ライセンシー等）の契約相手に対して示されている場合に、両者の信頼関係に著しく反して（図利加害目的で）当該営業秘密を使用・開示するような行為が該当する。

「不正の利益を得る目的」とは、公序良俗又は信義則に反する形で不当な利益を図る目的をいう。自らの不正の利益を得る目的だけでなく、第三者に不正の利益を得させる目的も含まれる（『不正競争防止法』p88）。

「保有者に損害を与える目的」とは、自らの利益を図ることを目的とせず、直接営業秘密保有者を害することを目的とすることをいう。行為の結果、営業秘密保有者に現実に損害が生じているか否かは問わない（『不正競争防止法』p89）。

### (5) 第二次取得者による行為（不競2条1項8号）

たとえば、転職した従業員が、元の企業の営業秘密を無断で持ち出し、転職先の企業がそれを知りながら、その営業秘密を使用するような行為等である（『不正競争防止法』

---

**補足説明**

例：営業秘密を取得した後に、産業スパイ事件が大々的に報道されて不正取得行為が介在していた事実を知りながら、営業秘密を使用又は開示する行為等。

**補足説明**

企業においては、営業秘密を管理するために、従業員との間で、営業秘密の使用・開示制限契約を結び、また、退職後について一定の競業制限契約を課すことが一般的である。

このような契約は、原則として有効であるが、合理的な範囲を超えた場合には、公序良俗違反となって、契約自体が無効となる。

p90)。

### (6) 営業秘密取得後の第二次取得者による行為（不競２条１項９号）

たとえば、営業秘密を取得した後に、営業秘密保有者から警告を受けて不正開示行為が介在していたことを知りながら、営業秘密を使用又は開示するような行為等である（『不正競争防止法』p91）。

---

**5** 営業秘密に係る不正競争　その２
（不競２条１項10号）

不正競争防止法２条１項10号は、営業秘密の不正な使用により生じた物（営業秘密侵害品）を譲渡・輸出入等する行為は規制の対象としている。

---

**不正競争防止法第２条第１項第10号（定義）**

１　この法律において「不正競争」とは、次に掲げるものをいう。

十　第四号から前号までに掲げる行為（技術上の秘密（営業秘密のうち、技術上の情報であるものをいう。以下同じ。）を使用する行為に限る。以下この号において「不正使用行為」という。）により生じた物を譲渡し、引き渡し、譲渡若しくは引渡しのために展示し、輸出し、輸入し、又は電気通信回線を通じて提供する行為（当該物を譲り受けた者（その譲り受けた時に当該物が不正使用行為により生じた物であることを知らず、かつ、知らないことにつき重大な過失がない者に限る。）が当該物を譲渡し、引き渡し、譲渡若しくは引渡しのために展示し、輸出し、輸入し、又は電気通信回線を通じて提供する行為を除く。）

第6章　不正競争防止法

　営業秘密侵害品の流通を規制することにより営業秘密侵害に対する抑止力を高めることを目的として、営業秘密侵害品の譲渡、引渡し、それらのための展示、輸出、輸入、電気通信回線を通じた提供を、民事措置の対象とするとともに、処罰の対象とするものである。

**事例解答**

営業秘密不正取得行為により取得した技術上の情報を使用する行為は、不正競争防止法2条1項4号の不正競争に該当する。さらに、そのような行為により生じた物を譲渡する行為も、不正競争防止法2条1項10号の不正競争に該当する。

第4節　営業秘密に係る不正行為

149

## 第 5 節
# 限定提供データに係る不正行為

重要度 ★★★

### 事例問題

不正取得した限定提供データが記録された電子ファイルを第三者にメールで
送付する行為は、不正競争とならないのだろうか？　　　⇒解答は159頁

---

### 学習到達目標

①どのような行為が限定提供データ不正行為となるのかを理解
②すべての類型の相違を理解しないと短答式に対応できないことから、どの
　ような行為が不正競争となるかを必ず暗記

---

### ★　目標到達までのチェックポイント

☑不正競争の類型を理解したか。
☑限定提供データの要件を挙げられるか。
☑限定提供データに対する不正行為を理解したか。

### ▼　他の項目との関連性

**第11節 適用除外等**
「第11節 適用除外等」との関連性が高い。必ず併せて見ておきたい。

第6章　不正競争防止法

## 1　趣旨

　IoT（Internet of Things）、ビッグデータ、AI（人工知能）等の情報技術が進展する第四次産業革命を背景に、データは企業の競争力の源泉としての価値を増している。気象データ、地図データ、機械稼働データ等については、共有・利活用されて新たな事業が創出され、我が国経済を牽引しうる高い付加価値が生み出されている。このような多種多様なデータがつながることにより新たな付加価値が創出される産業社会の実現に向けては、データの創出、収集、分析、管理等の投資に見合った適正な対価回収が可能な環境が必要である。

　しかし、利活用が期待されるデータは、複製が容易であり、いったん不正取得されると一気に拡散して投資回収の機会を失ってしまうおそれがある。

　このため、データを安心して提供できる環境整備を目的として、商品として広く提供されるデータや、コンソーシアム内で共有されるデータ等、事業者等が取引等を通じて第三者に提供するデータを保護する制度として、「限定提供データ」に係る不正取得、使用、開示行為を不正競争として位置付けた（『逐条解説不正競争防止法』p101 ～102）。

## 2　限定提供データの定義

　「限定提供データ」とは、「業として特定の者に提供する情報として電磁的方法（電子的方法、磁気的方法その他人の知覚によっては認識することができない方法をいう。）により相当量蓄積され、及び管理されている技術上又は営業上の情報（秘密として管理されているものを除く。）」をいう。

第5節　限定提供データに係る不正行為

**(1) 限定提供性（業として特定の者に提供する）**

「限定提供データ」とは、ビッグデータ等を念頭に、商品として広く提供されるデータや、コンソーシアム内で共有されるデータなど、事業者が取引等を通じて第三者に提供する情報を想定している。

「業として」とは、限定提供データ保有者が、反復継続して提供する意思が認められるものであれば本要件に該当する。

「特定の者」とは、一定の条件の下でデータ提供を受ける者を指す（『逐条解説不正競争防止法』p48）。

**(2) 相当蓄積性（電磁的方法・・・により相当量蓄積され）**

「相当蓄積性」の要件の趣旨は、ビッグデータ等を念頭に、有用性を有する程度に蓄積している電子データを保護対象とすることにある。

「電磁的方法」の要件は、対象とする電子データの特性に鑑み、規定されたものである。

「相当量」は、個々のデータの性質に応じて判断されることとなるが、社会通念上、電磁的方法によって蓄積されることによって価値を有するものが該当する（『逐条解説不正競争防止法』p48 ～ 49）。

**(3) 電磁的管理性（電磁的方法により・・・管理され）**

「電磁的管理性」の要件の趣旨は、限定提供データ保有者がデータを提供する際に、特定の者に対して提供するものとして管理する意思が、外部に対して明確化されることによって、特定の者以外の第三者の予見可能性や、経済活動の安定性を確保することである（『逐条解説不正競争防止法』p49）。

---

**補足説明**
例：会費を払えば誰でも提供を受けられるデータについて、会費を払って提供を受ける者が該当する（『逐条解説不正競争防止法』p48）。

**補足説明**
例：携帯電話の位置情報を全国エリアで蓄積している事業者が、特定エリア単位で抽出し販売している場合、その特定エリア分のデータについても、電磁的方法により蓄積されていることによって取引上の価値を有していると考えられるものは相当蓄積性を満たすと考えられる（『逐条解説不正競争防止法』p49）。

**補足説明**
電磁的管理性を満たす具体的な措置は、企業の規模・業態、データの性質やその他の事情によって異なるが、第三者が一般的にかつ容易に認識できる管理である必要がある。
対応する措置としては、限定提供データ保有者と、当該保有者から提供を受けた者（特定の者）以外の者がデータにアクセスできないようにする措置、つまりアクセスを制限する技術が施されていることが必要である（『逐条解説不正競争防止法』p49）。

第6章　不正競争防止法

### (4) 技術上又は営業上の情報

「技術上又は営業上の情報」には、利活用されている（又は利活用が期待される）情報が広く該当する（『逐条解説不正競争防止法』p50）。

### (5) 秘密として管理されているものを除く

本規定の趣旨は、このような「営業秘密」と「限定提供データ」の違いに着目し、両者の重複を避けるため、「営業秘密」を特徴づける「秘密として管理されているもの」を「限定提供データ」から除外することにある（『逐条解説不正競争防止法』p51）。

## 3 限定提供データに係る不正行為の類型

限定提供データに係る不正行為は、以下のパターンに分類される。

### (1) 不正取得類型（不競2条1項11号）

限定提供データ保有者から不正な手段で限定提供データを取得し、その取得した限定提供データを使用、開示する行為

### (2) 著しい信義則違反類型（不競2条1項14号）

限定提供データ保有者から正当に示された限定提供データを不正に使用、開示する行為

### (3) 転得類型（不競2条1項12号・13号・15号・16号）

① 取得時悪意転得類型

（ⅰ）　不競2条1項11号の限定提供データ不正取得行為の介在について知って（悪意で）限定提供データを取得し、その取得した限定提供データを使用、開示する行為（不競2条12号）

---

**補足説明**

例：「技術上の情報」として、地図データ、機械の稼働データ、AI技術を利用したソフトウェアの開発（学習）用のデータセット（学習用データセット）や当該学習から得られる学習済みモデル等の情報が、「営業上の情報」として、消費動向データ、市場調査データ等の情報があげられる（『逐条解説不正競争防止法』p50）。

第5節　限定提供データに係る不正行為

(ⅱ) 不競2条1項14号の限定提供データ不正開示行為の介在等について知って（悪意で）限定提供データを取得し、その取得した限定提供データを使用、開示する行為（不競2条1項15号）
② 取得善意転得類型
(ⅰ) 限定提供データを取得した後に、限定提供データ不正取得行為（不競2条1項11号）の介在について知って（悪意で）当該限定提供データを開示する行為（不競2条1項13号）
(ⅱ) 限定提供データを取得した後に、限定提供データ不正開示行為（不競2条1項14号）の介在等について知って（悪意で）当該限定提供データを開示する行為（不競2条1項16号）

〈限定提供データに係る不正行為〉

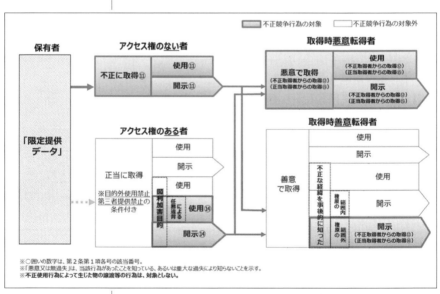

（『逐条解説不正競争防止法』p102、103）

## 4 限定提供データに係る不正行為

**不正競争防止法第 2 条第 1 項第11号〜第16号（定義）**

1　この法律において「不正競争」とは、次に掲げるものをいう。

十一　窃取、詐欺、強迫その他の不正の手段により限定提供データを取得する行為（以下「限定提供データ不正取得行為」という。）又は限定提供データ不正取得行為により取得した限定提供データを使用し、若しくは開示する行為

十二　その限定提供データについて限定提供データ不正取得行為が介在したことを知って限定提供データを取得し、又はその取得した限定提供データを使用し、若しくは開示する行為

十三　その取得した後にその限定提供データについて限定提供データ不正取得行為が介在したことを知ってその取得した限定提供データを開示する行為

十四　限定提供データを保有する事業者（以下「限定提供データ保有者」という。）からその限定提供データを示された場合において、不正の利益を得る目的で、又はその限定提供データ保有者に損害を加える目的で、その限定提供データを使用する行為（その限定提供データの管理に係る任務に違反して行うものに限る。）又は開示する行為

十五　その限定提供データについて限定提供データ不正開示行為（前号に規定する場合において同号に規定する目的でその限定提供データを開示する行為をいう。以下同じ。）であること若しくはその限定提供データについて限定提供データ不正開示行為が介在したことを知って限定提供データを取得し、又はその取得した限定提供データを使用し、若しくは開示する行為

> 十六 その取得した後にその限定提供データについ
> て限定提供データ不正開示行為があったこと又は
> その限定提供データについて限定提供データ不正
> 開示行為が介在したことを知ってその取得した限
> 定提供データを開示する行為

## （1）第一次取得者による行為（不競2条1項11号）

　限定提供データ不正取得行為又は限定提供データ不正取得行為により取得した限定提供データを使用し、若しくは開示する行為は、「不正競争」に該当する。

　「限定提供データ不正取得行為」とは、データを自己の管理下に置くことをいい、データが記録されている媒体等を介して自己又は第三者がデータ自体を手に入れる行為や、データの映っているディスプレイを写真に撮る行為が該当する（不競2条1項11号かっこ書）。

　この不正競争行為としては、他人の限定提供データにアクセスするためのパスワードを無断で入手して当該データを自己のサーバに格納する行為等が考えられる。

　「限定提供データの「使用」」とは、データを用いる行為であるが、具体例としては、データの作成、分析等に用いる行為が該当するものと考えられる。

　この不正競争行為としては、不正取得した限定提供データを用いてプログラムを作成する行為、営業（販売）活動を行う行為等が考えられる。

　「限定提供データの「開示」」とは、データを第三者が知ることができる状態に置くことをいう。実際に第三者が知ることまでは必要がなく、必ずしも「開示」の相手方が「取得」に至っていることも必要ではない。

　この不正競争行為としては、誰でも閲覧可能なホームページに限定提供データを掲載した場合にも、「開示」に該当するものと考えられる（『逐条解説不正競争防止法』p104、105）。

---

**補足説明**
例：不正取得した限定提供データが記録された電子ファイルを第三者にメールで送付する行為、不正取得した限定提供データをサーバに保存した上で、当該サーバにアクセスするためのパスワードをそのサーバの所在とともに第三者に教示する行為等が考えられる（『逐条解説不正競争防止法』p105）。

**補足説明**
例：限定提供データを窃取した者から、窃取した限定提供データであることを知りながら買い取る行為等がこれに当たる（『逐条解説不正競争防止法』p106）。

## (2) 第二次取得者による行為（不競2条1項12号）

不競2条1項11号の限定提供データ不正取得行為が介在したことを知って（悪意）、限定提供データを取得する行為、及びその後の使用行為又は開示行為は、「不正競争」に該当する（『逐条解説不正競争防止法』p106）。

## (3) 限定提供データ取得後の第二次取得者による行為（不競2条1項13号）

不競2条1項11号の限定提供データ不正取得行為の介在について知らず（善意）に限定提供データを取得した第三者が、その後悪意に転じた場合、当該第三者がその限定提供データを開示する行為は、「不正競争」に該当する（『逐条解説不正競争防止法』p108）。

## (4) 第一次取得者による行為（不競2条1項14号）

限定提供データ保有者が業務委託先、ライセンシー、コンソーシアムの会員、従業者等に対して限定提供データを示した場合に、その提供を受けた企業等が不正の利益を得る目的又は限定提供データ保有者に損害を加える目的（図利加害目的）を持って、その限定提供データを保有者から許されていない態様で使用又は開示する行為を、著しく信義則に違反する行為は、「不正競争」に該当する。

① 「不正の利益を得る目的で、又はその限定提供データ保有者に損害を加える目的」（図利加害目的）とは、以下（i）～（iii）に該当する場合をいう。

（i） 契約の内容等から当該態様で使用又は開示してはならない義務が当事者にとって明らかであり、それを認識しているにもかかわらず、

（ii） 当該義務に反して、自己又は第三者の利益を得る目的又は限定提供データ保有者に損害を加える目的をもって、取得したデータを使用又は開示する場合

（ⅲ）　ただし、正当な目的がある場合には、図利加害
　　　目的は否定される。

　　　「不正の利益を得る目的（図利目的）」とは、競争関
　　係にある事業を行う目的のみならず、広く公序良俗又
　　は信義則に反する形で不当な利益を図る目的のことを
　　いう。したがって、限定提供データ保有者と競合する
　　サービスを行うことは、図利目的を肯定する要素とな
　　り得るものの、必須の要件とはならないと考えられる。
　　　「保有者に損害を加える目的（加害目的）」とは、限
　　定提供データ保有者に対し、財産上の損害、信用の失
　　墜、その他有形無形の不当な損害を加える目的のこと
　　を指すが、現実に損害が生じることは要しない。

②　「限定提供データの管理に係る任務」とは、当事者
　　間で限定提供データ保有者のためにするという委託信
　　任関係がある場合をいい、その有無は実態等を考慮し
　　て評価される（『逐条解説不正競争防止法』p109〜
　　111）。

### (5)　第二次取得者による行為（不競2条1項15号）

　　限定提供データを取得する際に、「限定提供データ不正
開示行為」(不競2条1項14号に規定する不正の利益を得る
目的で、又はその限定提供データ保有者に損害を加える目
的で、限定提供データ保有者から示された限定提供データ
を開示する行為)によるものであること又はそのような「限
定提供データ不正開示行為」が介在したことを知って（悪
意）、限定提供データを取得する行為、及びその後の使用
行為又は開示行為は、「不正競争」に該当する（『逐条解説
不正競争防止法』p112）。

### (6)　限定提供データ取得後の第二次取得者による行為（不
### 　　競2条1項16号）

　　限定提供データを取得した第三者が、取得後にその取得

---

**補足説明**

例：第三者開示禁止の旨
が規定されたライセ
ンス契約に基づいて
限定提供データを取
得した者が、第三者
開示禁止であること
を認識しつつ、当該
データの一部を自社
サービスに取り込み、
顧客に開示する行為
等が該当する（『逐条
解説不正競争防止法』
p110）。

**補足説明**

例：対価を払った会員の
みに提供している
データであることを
知りながら、会員で
はない者が会員から
不正開示を受け、当
該データをAI技術を
利用したソフトウェア
開発のために使用す
る行為等がこれに当
たる（『逐条解説不正
競争防止法』p112）。

が「限定提供データ不正開示行為」(不競2条1項14号に規定する不正の利益を得る目的で、又はその限定提供データ保有者に損害を加える目的で限定提供データ保有者から示された限定提供データを開示する行為) によるものであったこと、又はそのような「限定提供データ不正開示行為」が介在したことを知って (悪意)、限定提供データを開示する行為は、「不正競争」に該当する (『逐条解説不正競争防止法』p114)。

**事例解答**

不正競争防止法2条1項11号は、限定提供データ不正取得行為又は限定提供データ不正取得行為により取得した限定提供データを使用し、若しくは開示する行為は、不正競争に該当する旨規定している。したがって、不正取得した限定提供データが記録された電子ファイルを第三者にメールで送付する行為については、本号が適用され、不正競争とはなる。

## 第 6 節
# 技術的制限手段に対する不正行為　重要度 ★★★

### 事例問題

政府が個人情報の保護の目的で用いている技術的制限手段について、その回避を可能とする機能のみを有するプログラムの提供行為は、不正競争とならないのだろうか？　　　　　　　　　　　　　　　　　⇒解答は165頁

### 学習到達目標

①技術的制限手段に対する不正手段について理解
②条文構造が複雑であるので、何が規定されているのかを正確に把握

### ★　目標到達までのチェックポイント

☑不正競争防止法 2 条 1 項17号の内容を理解したか。
☑不正競争防止法 2 条 1 項18号の内容を理解したか。
☑不正競争防止法 2 条 1 項17号と18号の関係を理解したか。

### ▼　他の項目との関連性

**第11節　適用除外等**
当該不正行為も「第11節　適用除外等」との関連性が高い。

160

## 1 趣旨

### 不正競争防止法第2条第1項第17号・第18号（定義）

1　この法律において「不正競争」とは、次に掲げるものをいう。

十七　営業上用いられている技術的制限手段（他人が特定の者以外の者に影像若しくは音の視聴、プログラムの実行若しくは情報（電磁的記録（電子的方式、磁気的方式その他人の知覚によっては認識することができない方式で作られる記録であって、電子計算機による情報処理の用に供されるものをいう。）に記録されたものに限る。以下この号、次号及び第8項において同じ。）の処理又は影像、音、プログラムその他の情報の記録をさせないために用いているものを除く。）により制限されている影像若しくは音の視聴、プログラムの実行若しくは情報の処理又は影像、音、プログラムその他の情報の記録（以下この号において「影像の視聴等」という。）を当該技術的制限手段の効果を妨げることにより可能とする機能を有する装置（当該装置を組み込んだ機器及び当該装置の部品一式であって容易に組み立てることができるものを含む。）、当該機能を有するプログラム（当該プログラムが他のプログラムと組み合わされたものを含む。）若しくは指令符号（電子計算機に対する指令であって、当該指令のみによって一の結果を得ることができるものをいう。次号において同じ。）を記録した記録媒体若しくは記憶した機器を譲渡し、引き渡し、譲渡若しくは引渡しのために展示し、輸出し、若しくは輸入し、若しくは当該機能を有するプログラム若しくは指令符号を電

---

**補足説明**

不正競争防止法2条1項17号と18号との適用関係については、営業上用いられている技術的制限手段の態様に従って客観的、形式的に切り分けられている。17号において、18号が適用される場合には17号が適用されない旨の調整（不競2条1項17号かっこ書）がなされている（『逐条解説不正競争防止法』p120）。

第6節　技術的制限手段に対する不正行為

気通信回線を通じて提供する行為（当該装置又は当該プログラムが当該機能以外の機能を併せて有する場合にあっては、影像の視聴等を当該技術的制限手段の効果を妨げることにより可能とする用途に供するために行うものに限る。）又は影像の視聴等を当該技術的制限手段の効果を妨げることにより可能とする役務を提供する行為

十八　他人が特定の者以外の者に影像若しくは音の視聴、プログラムの実行若しくは情報の処理又は影像、音、プログラムその他の情報の記録をさせないために営業上用いている技術的制限手段により制限されている影像若しくは音の視聴、プログラムの実行若しくは情報の処理又は影像、音、プログラムその他の情報の記録（以下この号において「影像の視聴等」という。）を当該技術的制限手段の効果を妨げることにより可能とする機能を有する装置（当該装置を組み込んだ機器及び当該装置の部品一式であって容易に組み立てることができるものを含む。）、当該機能を有するプログラム（当該プログラムが他のプログラムと組み合わされたものを含む。）若しくは指令符号を記録した記録媒体若しくは記憶した機器を当該特定の者以外の者に譲渡し、引き渡し、譲渡若しくは引渡しのために展示し、輸出し、若しくは輸入し、若しくは当該機能を有するプログラム若しくは指令符号を電気通信回線を通じて提供する行為（当該装置又は当該プログラムが当該機能以外の機能を併せて有する場合にあっては、影像の視聴等を当該技術的制限手段の効果を妨げることにより可能とする用途に供するために行うものに限る。）又は影像の視聴等を当該技術的制限手段の効果を妨げることにより可能とする役務を提供する行為

第6章　不正競争防止法

無効化機器等が世間に広く提供される事態を看過すれば、コンテンツ提供事業者は絶えず技術的制限手段の開発に膨大な時間と労力を投入しなければならない状況に追い込まれることは確実であり、ひいてはわが国経済社会に大きな損失を招くことは必定である。

そこで、コンテンツ提供事業の存立基盤を確保し、コンテンツ提供事業者間の競争秩序を維持する観点から、技術的制限手段の無効化機器等の提供行為を「不正競争」の一類型として規制することとした。

## 2　不正競争防止法2条1項17号で規制される行為
（『新・注解　不正競争防止法』上巻p611）

不正競争防止法2条1項17号と18号の区別は一読しても理解しにくいが、17号の最初のかっこ書の部分が実質的に18号となっている。すなわち、技術的制限手段の態様を2種に分けて、その一方を17号（これには18号の形態のものも含まれる）で、他方を18号で規制することとしている。

17号による規制の典型は、ビデオをダビングするためにロックをはずすプログラムソフトである。たとえば、映画等のビデオに施されたマクロビジョン方式によるコピー管理技術であるコピーガード（コピープロテクション）を解除するマクロビジョンキャンセラーが考えられる。また、DVDに施されたCSS（Content Scramble System）のように所定の手続を踏んで製造・販売されている視聴等機器以外の機器では解読できないようにコンテンツを暗号化したものを違法に解読するキャンセラーが考えられる。

**補足説明**
なお、不正競争防止法2条1項17号及び18号で保護の対象となる者、すなわち訴権者は、営業上の利益の確保を図るために管理技術を施しているコンテンツ提供事業者（音楽や映像等を多数のユーザーに提供するためにコンテンツを加工し、あるいはそれらを視聴する機器やソフトを製造する者）である（『新・注解　不正競争防止法』上巻p611）。

第6節　技術的制限手段に対する不正行為

163

### 3 不正競争防止法2条1項18号で規制される行為
（『新・注解 不正競争防止法』上巻p612）

不正競争防止法2条1項18号による規制の典型は、衛星放送やCATVにおけるPPV（ペイパービューサービス）等のように特定の契約者以外の者にはそのスクランブルを解除できないように暗号がかけられているものに対して、違法に解除する装置等が考えられる。すなわち、同項17号とは異なり、コンテンツ提供業者が契約の相手方（契約で特定された者）以外の者にはそのコンテンツを視聴・記録させないように技術的制限手段を用いている場合に、その技術的制限手段の効果を妨げる機能を有する装置等を販売等する行為が規制の対象となっている。

### 4 技術的制限手段
（『逐条解説不正競争防止法』p132）

不正競争防止法2条1項17号で規定している「営業上用いられている技術的制限手段」は、音楽、映像等提供事業者が一律に視聴若しくは実行又は記録を制限する技術的制限手段を用いている場合である。

その一方で、同項18号で特定している「技術的制限手段」は、単独の音楽、映像等提供事業者が「特定の者」に限り視聴もしくは実行又は記録が可能となるように技術的制限手段を用いている場合を想定している。

### 5 「営業上用いられている技術的制限手段」
（『逐条解説不正競争防止法』p121）

不正競争防止法2条1項17号の「営業上用いられている」については、単に17号の行為が不正競争の一類型であることを明確にするための表現として用いているものである。したがって、事業活動と関係のない「技術的制限手段」、たとえば、プライバシー保護の目的あるいは防衛上の目的

---

**用語**
「CATV」
　通信ケーブルを媒体とするケーブルテレビ（Community Antenna Television）の略語である。

**補足説明**
　「譲渡」等の行為を規制しており、「製造」は規制されていない。製造行為がただちに公正な競争を阻害することにつながらないためである（『逐条解説不正競争防止法』p127）。

**補足説明**
　「技術的制限手段」の定義は、不正競争防止法2条8項に規定されている。
　なお、「プログラム」の定義は、不正競争防止法2条9項に規定されている。

で用いられている暗号等は含まれない。

**事例解答**

不正競争防止法２条１項17号は、「営業上」用いられている技術的制御手段の効果を妨げることにより、影像の視聴等を可能とする機能を有するプログラムを譲渡等する行為は、不正競争に該当する旨規定している。したがって、「営業上」用いられていない個人情報の保護を目的とする技術的制御手段については、本号の適用はなく、不正競争とはならない。

## 第 7 節
# ドメイン名に係る不正行為

重要度 ★★★

### 事例問題

甲は、ドメイン名登録機関に乙によって登録されているドメイン名Aが、最近話題となっている丙社のサプリメントの商品表示A'と類似であることを知り、丙社に転売して多額の利益を得る目的で、乙からドメイン名Aを譲り受けた。甲の行為は不正競争となるのだろうか？　　　⇒解答は168頁

### 学習到達目標

ドメイン名に係る不正行為がどのような行為であるのかを理解

### ★　目標到達までのチェックポイント

☑不正競争防止法2条1項19号の内容を理解したか。
☑特定商品等表示が何かを理解したか。

### ▼　他の項目との関連性

とくにない。

第6章　不正競争防止法

## 1 趣旨

**不正競争防止法第2条第1項第19号（定義）**

1　この法律において「不正競争」とは、次に掲げるものをいう。

十九　不正の利益を得る目的で、又は他人に損害を加える目的で、他人の特定商品等表示（人の業務に係る氏名、商号、商標、標章その他の商品又は役務を表示するものをいう。）と同一若しくは類似のドメイン名を使用する権利を取得し、若しくは保有し、又はそのドメイン名を使用する行為

ドメイン名は、原則として誰もが先着順に登録することができる制度となっており、かつ、登録に際し、たとえば商標登録出願に対して行われるような実質的な審査は行われていない。そこで、ドメイン名の登録制度を逆手にとり、第三者が有名企業や著名な商品の名称及びそれらと類似の文字・数字との配列をドメイン登録し、事業者が永年にわたって築き上げた知名度や信頼にフリーライドしたり、取得したドメイン名を商標権者等に対して不当に高い価値で買い取らせようとする等の行為が、頻発している。

このような状況を踏まえ、ドメイン名を不正に取得等する行為が「不正競争」の類型に追加された（『逐条解説不正競争防止法』p134〜137）。

## 2 「不正の利益を得る目的で、又は他人に損害を加える目的で」
（『逐条解説不正競争防止法』p137、138）

不正競争防止法2条1項19号は、主観的要件として「不正の利益を得る目的又は他人に損害を加える目的（いわゆる図利目的又は加害目的）」という2つの類型を規定している。前者は、公序良俗、信義則に反するかたちで自己又は他人の利益を不当に図る目的を指す。後者は、他者に対

第7節　ドメイン名に係る不正行為

167

して財産上の損害、信用の失墜といった有形無形の損害を与える目的を指す。

　図利加害目的が認められる行為としては、たとえば、特定商品等表示の使用者がその特定商品等表示をドメイン名として使用できないことを奇貨として、当該特定商品等表示の使用者に不当な高額で買い取らせるために、当該特定商品等表示と同一又は類似のドメイン名を先に取得・保有する行為が該当する。また、他人の特定商品等表示を希釈化・汚染する目的で当該特定商品等表示と同一又は類似のドメイン名のもと、アダルトサイトを開設する行為も該当する。

### 3 「商品又は役務を表示するもの」
（『逐条解説不正競争防止法』p138、139）

　不正競争防止法2条1項1号や2号のように「商品又は営業を表示するもの」とは規定されていない。ドメイン名の特性に照らして考えた場合、商品等表示の例示中「商品の容器若しくは包装」に含まれず、同項19号において保護対象の例示としては「人の業務に係る氏名、商号、商標、標章」とすべきであり、また、ドメイン名紛争に関する国際的なルールにおいては、保護の対象をいずれも「商品・役務の表示」としていることとの整合性を図ったことによる。

---

**事例解答**

不正の利益を得る目的で、又は他人に損害を加える目的で、他人の特定商品等表示と同一若しくは類似のドメイン名を使用する権利を取得し、若しくは保有し、又はそのドメイン名を使用する行為は不正競争となる（不競2条1項19号）。甲は、丙社に転売して多額の利益を得る目的で、乙からドメイン名Aを譲り受けている。したがって、甲の行為は、不正競争となる。

# memo

## 第 8 節
# その他の不正行為

重要度 ★★★

### 事例問題

商品の広告にその商品の原産地について誤認させるような表示をした商品を譲渡する行為は不正競争となる場合があるのだろうか？　　⇒解答は175頁

### 学習到達目標

その他のさまざまな不正行為を理解

### ★　目標到達までのチェックポイント

☑各条文の内容を理解したか。
☑各条文と産業財産権法との関連を理解したか。

### ▼　他の項目との関連性

**商標法との関連性**

　不正競争防止法2条1項20号は誤認惹起行為であることから、商標法との関連が高い。同項21号は特別な規定であるため、他の項目との関連性はない。同項22号は「商標法との関連性」が高い。

第6章　不正競争防止法

## 1　誤認惹起行為 （不競2条1項20号）

**不正競争防止法第2条第1項第20号（定義）**

1　この法律において「不正競争」とは、次に掲げる
　　ものをいう。
　　二十　商品若しくは役務若しくはその広告若しくは
　　　　取引に用いる書類若しくは通信にその商品の原産
　　　　地、品質、内容、製造方法、用途若しくは数量若
　　　　しくはその役務の質、内容、用途若しくは数量に
　　　　ついて誤認させるような表示をし、又はその表示
　　　　をした商品を譲渡し、引き渡し、譲渡若しくは引
　　　　渡しのために展示し、輸出し、輸入し、若しくは
　　　　電気通信回線を通じて提供し、若しくはその表示
　　　　をして役務を提供する行為

### (1) 趣旨

　不正競争防止法2条1項20号は、商品の原産地及び品
質等について誤認を生じさせるような表示を行う行為等を
「不正競争」の一類型として定めた規定である。なお、本
号は、原産地の誤認惹起行為と品質等の誤認惹起行為とを
対象としている。

### (2) 広告若しくは取引に用いる書類若しくは通信 （『逐条
　　解説不正競争防止法』p143）

　「広告」とは、公衆に対してなされる表示のうち営業目
的をもってなされたものをいう。
　「取引に用いる書類」とは、注文書、見積書、送り状、
計算書、領収書等をいう。取引に用いる「通信」とは、取
引上現れる表示行為中、書類以外の通信形態の一切のもの
をいう。

---

**補足説明**
　本号は、「商品」につい
ては「品質」を用い、「役
務」については「質」を
用いることで用語を使い
分けているが、実質は同
じである（『新・注解　不正
競争防止法』上巻p634）。

第8節　その他の不正行為

**発展知識**

原料の産出地と加工・製造される地が異なる場合は、商品の取引関係者において最も重要と考えられる使用価値が付加された地が原産地となる。たとえば、ニュージーランド産の羊毛を日本で紡績・織成した洋服生地の「原産地」は、ニュージーランドではなく日本であり、それを中国で紳士服に縫製した場合の、その紳士服の「原産地」は中国となる。日本製の洋服生地を英国製と表示することは、原産地の虚偽表示であり、本号の原産地の誤認惹起行為となる。

### (3) 商品の原産地（『不正競争防止法』p112）

「商品の原産地」とは、商品が産出・加工・製造された生産地をいう。原産地には、「ブラジル産コーヒー」や「英国製洋服生地」といった国の場合と、「パリ・オートクチュール」や「南部鉄びん」のような地域の場合がある。

### (4) 製造方法、用途若しくは数量

「製造方法」とは、たとえば、食塩の流下式製塩法等商品の製造に用いられる方法を指し、「用途」とは、同じ灯油でも「自動車燃料用」とか「ジェット推進航空機用」のようなその商品の特徴に応じた使い道を指す（『逐条解説不正競争防止法』p144、145）。

「数量」とは、商品の数、容積ならびに重量をいう。これは、いわゆる数量詐欺について規定したものである（『新・注解 不正競争防止法』上巻p705）。

### (5) 誤認させるような表示（『逐条解説不正競争防止法』p146）

「誤認させるような表示」に該当するかどうかは、個別・具体の事案に応じて、当該表示の内容や取引界の実情等、諸般の事情が考慮されたうえで、取引者・需要者に誤認を生じさせるおそれがあるかどうかという観点から判断されている。

## 2 信用毀損行為 （不競2条1項21号）

**補足説明**

不正競争防止法2条1項20号は、自己の財の効用を擬装する行為を禁止し、同項21号は、それと裏腹の他人の成果の効用を偽装する行為を禁止しているということができる（『新・注解 不正競争防止法』上巻p737）。

**不正競争防止法第2条第1項第21号（定義）**

1　この法律において「不正競争」とは、次に掲げるものをいう。

二十一　競争関係にある他人の営業上の信用を害する虚偽の事実を告知し、又は流布する行為

第6章　不正競争防止法

**(1) 趣旨**

　不正競争防止法2条1項21号は、競争関係にある他人の営業上の信用を害する虚偽の事実を告知し、又は流布する行為（営業誹謗行為）を「不正競争」の一類型として定めた規定である。

　この営業誹謗行為は、他人に対する不当な攻撃により、その者の競争条件を不利にしておいて、自ら営業上の競争によって有利な地位に立とうとするもので、ここに本類型の不正競争性がある（『新・注解　不正競争防止法』上巻p737）。

**(2)「競争関係にある」**

　不正競争防止法2条1項21号の適用には、競争関係が存在することを要件とする。したがって、非競争者間における誹謗等の信用毀損行為は、本号の問題ではなく、一般不法行為の問題として処理される（『逐条解説不正競争防止法』p151）。

　なお、「競争関係」とは、同種の商品を扱い、又は同種の役務を提供している関係をいう。必ずしも現実に販売競争をしている必要はない（『不正競争防止法』p119）。

**(3)「虚偽の事実」**

　「虚偽の事実」とは、客観的事実に反する事実のことをいう。したがって、表現の実質的内容が事実に反している場合は行為者自らが虚構したものであっても他人が虚構したものであってもこれに含まれることになる。

　判例には、「競業者の商品等が産業財産権侵害であるとして取引先に警告を発する行為」等が虚偽の事実にもとづくような場合に、競業者の信用を毀損することとして、本号を適用した事例がある（『逐条解説不正競争防止法』p152）。

第8節　その他の不正行為

173

**補足説明**
例：来客した客に対して競争事業者の商品の欠点を知らせる等の行為（『逐条解説不正競争防止法』p153）

**補足説明**
例：新聞紙上に競争事業者の商品を誹謗するような広告を掲載する行為（『逐条解説不正競争防止法』p153）

### (4)「告知」及び「流布」

「告知」とは、自己の関知する事実を、特定の人に対して個別的に伝達する行為をいう。

「流布」とは、事実を不特定の人又は多数の人に対して知られるような態様において広める行為をいう。

### (5) その他（比較広告）

「比較広告」は、真実の情報にもとづくものであれば、消費者に対し商品や役務の選択の情報を提供するというプラスの面もあることから、比較そのものではなく、内容の虚偽、欺瞞性がある場合に内容等の誤認惹起行為、信用毀損行為によって対応していけば足りると考えられる。

## 3 代理人等の商標冒用行為（不競2条1項22号）

**不正競争防止法第2条第1項第22号（定義）**

1 この法律において「不正競争」とは、次に掲げるものをいう。

二十二 パリ条約（かっこ書略）の同盟国、世界貿易機関の加盟国又は商標法条約の締約国において商標に関する権利（商標権に相当する権利に限る。以下この号において単に「権利」という。）を有する者の代理人若しくは代表者又はその行為の日前1年以内に代理人若しくは代表者であった者が、正当な理由がないのに、その権利を有する者の承諾を得ないでその権利に係る商標と同一若しくは類似の商標をその権利に係る商品若しくは役務と同一若しくは類似の商品若しくは役務に使用し、又は当該商標を使用したその権利に係る商品と同一若しくは類似の商品を譲渡し、引き渡し、譲渡若しくは引渡しのために展示し、輸出し、輸

入し、若しくは電気通信回線を通じて提供し、若
しくは当該商標を使用してその権利に係る役務と
同一若しくは類似の役務を提供する行為

### 趣旨

本号は、パリ条約6条の7(2)に対応するために追加さ
れた規定であり、商標に関する権利者の保護を国際的に強
化することを目的としたものである。本来、商標権は属地
性の原則により、当該登録国においてのみ効力を有するの
が原則であるが、本号は、国際的な「不正競争」の禁止と
いう観点から属地性の原則を拡張したものである(『逐条
解説不正競争防止法』p155、156)。

### 事例解答

不競2条1項20号は、商品若しくは役務若しくは『その広告』若しくは取引
に用いる書類若しくは通信に『その商品の原産地』、品質、内容、製造方法、
用途若しくは数量若しくはその役務の質、内容、用途若しくは数量について『誤
認させるような』表示をし、又はその『表示をした商品を譲渡』し、引き渡し、
譲渡若しくは引渡しのために展示し、輸出し、輸入し、若しくは電気通信回
線を通じて提供し、若しくはその表示をして役務を提供する行為は不正競争
に該当する旨を規定している。したがって、商品の広告その商品の原産地に
ついて誤認させるような表示をした商品を譲渡する行為は不正競争に該当す
る場合がある。

# 民事上の措置

重要度 ★★★

## 事例問題

甲は、自己の保有する営業秘密を、乙に示した。乙は、甲に損害を加える目的で、当該営業秘密を使用している。甲は、当該事実を知った時から3年を経過したとしても、乙の使用開始時から20年間、乙の使用行為に対する差止請求権を失うことはないのだろうか？　　　　　⇒解答は180頁

## 学習到達目標

①不正競争行為に対する民事上の救済を理解
②産業財産権法の場合と異なりさまざまな適用除外規定があることを理解

## ★　目標到達までのチェックポイント

☑差止請求権を行使できる場合を理解したか。
☑差止請求権の消滅時効について理解したか。

## ▼　他の項目との関連性

### ①第4節 営業秘密に係る不正行為

制限との関係でとくに「第4節 営業秘密に係る不正行為」の規定を参照されたい。

### ②第11節 適用除外等

「第11節 適用除外等」が関係してくるため、すべてを併せて理解したい。

第6章　不正競争防止法

## 1　民事上の措置の内容

　差止請求権（不競3条）、損害賠償請求権（不競4条）及び信用回復措置請求権（不競14条）の行使が認められている。差止請求権（不競3条）については、「不正競争によって営業上の利益を侵害され、又は侵害されるおそれがある」場合を要件とする。

　また、差止請求権や損害賠償請求権の行使を容易ならしめるために、特別規定が設けられている。具体的には、損害額の推定規定（不競5条）、技術上の秘密を取得した者の当該技術上の秘密を使用する行為等の推定（不競5条の2）、具体的態様の明示義務（不競6条）、書類の提出等（不競7条）、損害計算のための鑑定（不競8条）及び相当な損害額の認定（不競9条）である。これらの規定は、特許法等の特別規定にならって設けられたものである。

## 2　秘密保持命令 （不競10条〜13条）

　営業秘密についての秘密保持命令等を求めることができる（不競10条〜13条）。これらの規定は、特許法105条の4〜105条の7に対応するものである。

## 3　差止請求権の消滅時効 （不競15条）

**不正競争防止法第15条 （消滅時効）**

1　第2条第1項第4号から第9号までに掲げる不正競争のうち、営業秘密を使用する行為に対する第3条第1項の規定による侵害の停止又は予防を請求する権利は、次に掲げる場合には、時効によって消滅する。

　一　その行為を行う者がその行為を継続する場合に

第9節　民事上の措置

177

おいて、その行為により営業上の利益を侵害され、
　　又は侵害されるおそれがある営業秘密保有者がそ
　　の事実及びその行為を行う者を知った時から3年
　　間行わないとき。
　二　その行為の開始の時から20年を経過したとき。
2　前項の規定は、第2条第1項第11号から第16号
　までに掲げる不正競争のうち、限定提供データを使
　用する行為に対する第3条第1項の規定による侵害
　の停止又は予防を請求する権利について準用する。
　この場合において、前項第1号中「営業秘密保有者」
　とあるのは、「限定提供データ保有者」と読み替え
　るものとする。

**(1)　趣旨**（『逐条解説不正競争防止法』p201、202）

　営業秘密は、保有者が常時、秘密管理の努力を払ってい
なければ、その保護要件を失うという特殊性を有しており、
不正競争防止法もそのような保有者の努力に対するバック
アップとして不正行為の継続を放置しているような保有者
に対しては法的保護を与える必要性が減少してくることに
なる。

　したがって、営業秘密に係る差止請求権の行使について
は、一定期間の経過に伴いその行使を制限する必要性が高
いが、他方、民法の消滅時効規定を解釈論上当然に適用あ
りと考えることが困難なため、消滅時効等を明定すること
とした。

　また、以上の趣旨は平成30年に新設された限定提供デー
タの制度にも共通するため、本条第2項では限定提供デー
タについても消滅時効の規定が適用されることとしている。

**(2)「継続する場合」**（『逐条解説不正競争防止法』p202）

　「継続する場合」を要件としたのは、使用を停止してい
る状態では保有者も差止請求権を行使する可能性が乏し

く、この期間を消滅時効に入れることは適当ではないから
である。

**(3) その他**（『逐条解説不正競争防止法』p202）

　不正競争防止法15条によって消滅時効等が適用される
行為は、営業秘密の「不正取得行為」、「不正使用行為」及
び「不正開示行為」のうち、継続的な「不正使用行為」に
対する停止請求権のみである。「不正取得行為」及び「不
正開示行為」は、その行為自体の継続性がないため停止を
考える余地がないことによる。

| 特許法 | | 不当競争防止法 |
|:---:|:---:|:---:|
| 100 条 | ⟷ | 3 条 |
| × | ⟷ | 4 条 |
| 101 条 | ⟷ | × |
| 102 条 | ⟷ | 5 条 |
| 103 条 | ⟷ | × |
| 104 条 | ⟷ | 5 条の 2 |
| 104 条の 2 | ⟷ | 6 条 |
| 104 条の 3 | ⟷ | × |
| 104 条の 4 | ⟷ | × |
| 105 条 | ⟷ | 7 条 |
| 105 条の 2 の 12 | ⟷ | 8 条 |
| 105 条の 3 | ⟷ | 9 条 |
| 105 条の 4 | ⟷ | 10 条 |
| 105 条の 5 | ⟷ | 11 条 |
| 105 条の 6 | ⟷ | 12 条 |
| 105 条の 7 | ⟷ | 13 条 |
| 106 条 | ⟷ | 14 条 |
| × | ⟷ | 15 条 |

**事例解答**

営業秘密を保有する事業者（以下「営業秘密保有者」という。）からその営業秘密を示された場合において、その保有者に損害を加える目的で、その営業秘密を使用する行為は不競2条1項7号に掲げる不正競争に該当する。そして、その行為に対する差止請求権は、その行為を行う者がその行為を継続する場合において、その行為により営業上の利益を侵害され、又は侵害されるおそれがある保有者がその事実及びその行為を行う者を知った時から3年間行わないとき、その行為の開始の時から20年を経過したとき、時効によって消滅する（不競15条）。したがって、甲は、乙による不正競争を知った時から3年を経過すると、乙の使用行為に対する差止請求権を失うことになる。

# memo

| 第 | 10 | 節 |

# 条約上の禁止行為

重要度 ★★★

### 事例問題

外国紋章（経済産業省令で定める外国の国の紋章をいう）の使用の許可を行う権限を有する外国の官庁の許可を受けていない甲は、当該外国紋章を使用することができる場合はないのだろうか？　　　　　　　⇒解答は189頁

### 学習到達目標

条約の要請によってさまざまな不正競争が規定されていることから、条文の内容を正確に理解

★　**目標到達までのチェックポイント**
☑条文の内容を理解したか。

▼　**他の項目との関連性**
とくにない。

182

第6章　不正競争防止法

## 1 外国の国旗等の商業上の使用禁止(不競16条)

**不正競争防止法第16条（外国の国旗等の商業上の使用禁止）**

1　何人も、外国の国旗若しくは国の紋章その他の記章であって経済産業省令で定めるもの（以下「外国国旗等」という。）と同一若しくは類似のもの（以下「外国国旗等類似記章」という。）を商標として使用し、又は外国国旗等類似記章を商標として使用した商品を譲渡し、引き渡し、譲渡若しくは引渡しのために展示し、輸出し、輸入し、若しくは電気通信回線を通じて提供し、若しくは外国国旗等類似記章を商標として使用して役務を提供してはならない。ただし、その外国国旗等の使用の許可（許可に類する行政処分を含む。以下同じ。）を行う権限を有する外国の官庁の許可を受けたときは、この限りでない。

2　前項に規定するもののほか、何人も、商品の原産地を誤認させるような方法で、同項の経済産業省令で定める外国の国の紋章（以下「外国紋章」という。）を使用し、又は外国紋章を使用した商品を譲渡し、引き渡し、譲渡若しくは引渡しのために展示し、輸出し、輸入し、若しくは電気通信回線を通じて提供し、若しくは外国紋章を使用して役務を提供してはならない。ただし、その外国紋章の使用の許可を行う権限を有する外国の官庁の許可を受けたときは、この限りでない。

3　何人も、外国の政府若しくは地方公共団体の監督用若しくは証明用の印章若しくは記号であって経済産業省令で定めるもの（以下「外国政府等記号」という。）と同一若しくは類似のもの（以下「外国政

第10節　条約上の禁止行為

183

府等類似記号」という。）をその外国政府等記号が
用いられている商品若しくは役務と同一若しくは類
似の商品若しくは役務の商標として使用し、又は外
国政府等類似記号を当該商標として使用した商品を
譲渡し、引き渡し、譲渡若しくは引渡しのために展
示し、輸出し、輸入し、若しくは電気通信回線を通
じて提供し、若しくは外国政府等類似記号を当該商
標として使用して役務を提供してはならない。ただ
し、その外国政府等記号の使用の許可を行う権限を
有する外国の官庁の許可を受けたときは、この限り
でない。

### (1) 趣旨

　本条は、パリ条約6条の3の規定（国の紋章等の保護）
を実施するため、外国の国旗等の商業上の使用を禁止する
規定であり、その保護法益は、外国の国の威信、国民の名
誉感情である（『逐条解説不正競争防止法』p206）。

### (2) 規定の内容

　不正競争防止法16条1項は、外国の国旗、国の紋章そ
の他の外国の記章の商標としての使用を禁止するものであ
る。なお、記章とは、象徴的図形をいい、旗章、紋章を含
む概念である。

　同条2項は、そのうちとくに外国の紋章について、商品
の原産地を誤認させるような方法での使用を禁止するもの
である。

　同条3項は、外国の政府若しくは地方公共団体の監督用、
証明用の印章、記号の商標としての使用を禁止するもので
ある。

　ただし、いずれも使用の許可を行う権限を有する外国の
官庁の許可を受けたときは、「不正競争」行為とはならな
い（『逐条解説不正競争防止法』p207）。

**補足説明**
例：国産の紳士服生地に
英国国旗等を押捺し、
英国製であるかのよ
うな商品表示を行い
販売するような場合
である。

第6章　不正競争防止法

## 2 国際機関の標章の商業上の使用禁止(不競17条)

**不正競争防止法第17条（国際機関の標章の商業上の使用禁止）**

　何人も、……国際機関類似標章……を商標として使用し、又は国際機関類似標章を商標として使用した商品を譲渡し、引き渡し、譲渡若しくは引渡しのために展示し、輸出し、輸入し、若しくは電気通信回線を通じて提供し、若しくは国際機関類似標章を商標として使用して役務を提供してはならない。ただし、この国際機関の許可を受けたときは、この限りでない。

### (1) 趣旨

　本条は、国際機関（政府間の国際機関及びこれに準ずるもの）の公益を保護するために、その標章を、当該国際機関の許可なしに、これらの機関と関係があると誤認させるような方法で商標として使用することを禁じたものである（『逐条解説不正競争防止法』p208、209）。

### (2) 具体例

　経済産業省令で定められている国際機関を表示する標章としては、国際連合（UN）、国際原子力機関（IAEA）、国際刑事警察機構（ICPO）、世界気象機関（WMO）、万国郵便連合（UPU）、世界知的所有権機関（WIPO）等の標章がある。

## 3 外国公務員等に対する不正の利益の供与等の禁止(不競18条)

**不正競争防止法第18条（外国公務員等に対する不正の利益の供与等の禁止）**

　1　何人も、外国公務員等に対し、国際的な商取引に

---

**用語**

「国際機関類似標章」
　国際機関（政府間の国際機関及びこれに準ずるものとして経済産業省令で定める国際機関をいう）と関係があると誤認させるような方法で、国際機関を表示する標章であって経済産業省令で定めるものと同一若しくは類似のものをいう（不競17条かっこ書）。

**発展知識**

　現代の国際社会においては、民間国際機関であっても政府間国際機関に準じた極めて重要な役割を果たすに至っているものも存在することから、そのような民間国際機関についても、その標章の無断使用から保護することが必要であると考えられる。
　したがって、本規定の対象を政府間の国際機関の標章に限定せず、必要に応じ、民間国際機関の標章を保護対象とすることとした。具体的には、国際オリンピック委員会の標章が経済産業省令で定められている（『逐条解説不正競争防止法』p209）。

第10節　条約上の禁止行為

関して営業上の不正の利益を得るために、その外国公務員等に、その職務に関する行為をさせ若しくはさせないこと、又はその地位を利用して他の外国公務員等にその職務に関する行為をさせ若しくはさせないようにあっせんをさせることを目的として、金銭その他の利益を供与し、又はその申込み若しくは約束をしてはならない。

2　前項において「外国公務員等」とは、次に掲げる者をいう。

一　外国の政府又は地方公共団体の公務に従事する者

二　公共の利益に関する特定の事務を行うために外国の特別の法令により設立されたものの事務に従事する者

三　1又は2以上の外国の政府又は地方公共団体により、発行済株式のうち議決権のある株式の総数若しくは出資の金額の総額の100分の50を超える当該株式の数若しくは出資の金額を直接に所有され、又は役員（取締役、監査役、理事、監事及び清算人並びにこれら以外の者で事業の経営に従事しているものをいう。）の過半数を任命され若しくは指名されている事業者であって、その事業の遂行に当たり、外国の政府又は地方公共団体から特に権益を付与されているものの事務に従事する者その他これに準ずる者として政令で定める者

四　国際機関（政府又は政府間の国際機関によって構成される国際機関をいう。次号において同じ。）の公務に従事する者

五　外国の政府若しくは地方公共団体又は国際機関の権限に属する事務であって、これらの機関から委任されたものに従事する者

第6章　不正競争防止法

## (1) 不正競争防止法18条の概要

本条は、OECD（経済協力開発機構）の「国際商取引における外国公務員に対する贈賄の防止に関する条約」を国内的に実施するために、平成10年改正において追加された規定である（『逐条解説不正競争防止法』p209、210）。

## (2) 不正競争防止法18条1項の趣旨

国際的な商取引に関して営業上の不正の利益を得るために行う外国公務員等の職務に関する作為や不作為等をなさしめることを目的とした利益の供与、その申込み又はその約束を禁止し、刑事罰の対象としている（『逐条解説不正競争防止法』p211）。

## (3)「国際的な商取引に関して」（『逐条解説不正競争防止法』p212）

「国際的な商取引」とは、国際的な商活動を目的とする行為、すなわち貿易及び対外投資を含む国境を越えた経済活動に係る行為を意味している。

法の適用にあたっての最終的な解釈は裁判所に委ねられているが、次のような事例がある。

## (4)「外国公務員等」

「外国公務員等」については、不正競争防止法18条2項各号に規定されている。同規定では、5つに分類して定義されている。すなわち、狭義の外国公務員（不競18条2項1号）、公的機関に従事する者（同項2号）、公的な企業に従事する者（同項3号）、公的国際機関に従事する者（同項4号）及び外国政府等から権限の委任を受けている者（同項5号）が該当する。

なお、「外国」とは、わが国以外の国を意味しており、わが国が国家として未承認の国も含まれる（『逐条解説不正競争防止法』p214）。

---

**用語**

「場所的適用範囲」
　犯罪の構成要件の一部をなす行為が国内で行われ、又は構成要件の一部である結果が国内で発生した場合には当該犯罪にわが国刑法が適用されると解されている（『逐条解説不正競争防止法』p216）。

**補足説明**

事例1：
　日本に主たる事業所を有する商社が、X国内のODA事業（例：橋の建設）の受注を目的として、日本でX国公務員に贈賄する事例

事例2：
　Y国に主たる事業所を有する日系の建設業者が、東京のY国の大使館の改築工事の受注を目的として、日本でY国公務員に贈賄する事例

第10節　条約上の禁止行為

## (5)「営業上の不正の利益」

「営業上の利益」とは、不正競争防止法上の用語であり、事業者が「営業」を遂行していく上で得られる有形無形の経済的価値その他の利益一般をいう（『逐条解説不正競争防止法』p214）。

具体的には、取引の獲得、工場建設や商品の輸出入等に係る許認可の獲得が該当し、食糧の調達のための便宜や子弟の大学への入学といったものは、一般的には「営業上の利益」とはいえないと考えられる。

「不正の利益」とは、公序良俗又は信義則に反するようなかたちで得られるような利益を意味している。（『逐条解説不正競争防止法』p214）。

## (6)「職務に関する行為」

当該外国公務員等の職務権限の範囲内にある行為はもちろん、職務と密接に関連する行為を含むものである。過去、刑法の贈収賄罪において、職務と密接に関連する行為に関する判例としては、慣習上当該公務員が行っている事務を職務密接関連行為と認めたものや、職務の遂行のために関係者に対し各種働きかけを行ったもの等が挙げられる（『逐条解説不正競争防止法』p214、215）。

> **用語**
> ここでいう「職務」は、刑法197条（収賄罪）の規定中の職務と同義である（『逐条解説不正競争防止法』p214、215）。

## (7)「その外国公務員等に、その職務に関する行為をさせ若しくはさせないこと、又はその地位を利用して他の外国公務員等にその職務に関する行為をさせ若しくはさせないようにあっせんさせることを目的として」

利益供与の目的が外国公務員等の作為・不作為又は他の外国公務員等の作為・不作為のあっせんであることが要件である（『逐条解説不正競争防止法』p215）。

## (8)「金銭その他の利益」

金銭や財物等の財産上の利益にとどまらず、およそ人の

第6章　不正競争防止法

需要・欲望を満足させるに足りるものを意味している。金
銭の利益、家屋・建物の無償貸与等、接待・供応、担保の
提供・補償、異性間の情交、職務上の地位等の一切の有形
無形の利益がこれに該当しうる（『逐条解説不正競争防止
法』p215）。

**事例解答**

不競16条２項には、何人も「商品の原産地を誤認させるような方法で」外国
紋章を使用してはならないと規定されている。すなわち、甲は、「商品の原
産地を誤認」させないような方法でならば、外国紋章を使用することができ
る場合がある。

第10節　条約上の禁止行為

189

## 第 11 節

# 適用除外等

重要度 ★★★

### 事例問題

他人の商品等表示が周知となる以前からその表示を使用する者の業務を承継した者による使用は、差止請求の対象となることはないのだろうか？

⇒解答は200頁

### 学習到達目標

不正競争防止法特有の適用除外について理解

### ★ 目標到達までのチェックポイント

☑適用除外のある規定を理解したか。

☑それぞれの適用除外の内容を理解したか。

### ▼ 他の項目との関連性

**第2節 著名表示の冒用行為、第3節 商品形態の模倣行為、第4節 営業秘密に係る不正行為等**

さまざまな不正競争に対して適用除外が存在している。その意味で、「第2節 著名表示の冒用行為」「第3節 商品形態の模倣行為」「第4節 営業秘密に係る不正行為」等に関係する。

190

第6章　不正競争防止法

## 1　適用除外規定 （不競19条1項1号～9号）

**不正競争防止法第19条（適用除外等）**

1　第3条から第15条まで、第21条（第2項第7号に係る部分を除く。）及び第22条の規定は、次の各号に掲げる不正競争の区分に応じて当該各号に定める行為については、適用しない。

一　第2条第1項第1号、第2号、第20号及び第22号に掲げる不正競争　商品若しくは営業の普通名称（ぶどうを原料又は材料とする物の原産地の名称であって、普通名称となったものを除く。）若しくは同一若しくは類似の商品若しくは営業について慣用されている商品等表示（以下「普通名称等」と総称する。）を普通に用いられる方法で使用し、若しくは表示をし、又は普通名称等を普通に用いられる方法で使用し、若しくは表示をした商品を譲渡し、引き渡し、譲渡若しくは引渡しのために展示し、輸出し、輸入し、若しくは電気通信回線を通じて提供する行為（同項第20号及び第22号に掲げる不正競争の場合にあっては、普通名称等を普通に用いられる方法で表示をし、又は使用して役務を提供する行為を含む。）

二　第2条第1項第1号、第2号及び第22号に掲げる不正競争　自己の氏名を不正の目的（不正の利益を得る目的、他人に損害を加える目的その他の不正の目的をいう。以下同じ。）でなく使用し、又は自己の氏名を不正の目的でなく使用した商品を譲渡し、引き渡し、譲渡若しくは引渡しのために展示し、輸出し、輸入し、若しくは電気通信回線を通じて提供する行為（同号に掲げる不正競争の場合にあっては、自己の氏名を不正の目的でな

第11節　適用除外等

191

く使用して役務を提供する行為を含む。）

三　第2条第1項第1号に掲げる不正競争　他人の
商品等表示が需要者の間に広く認識される前から
その商品等表示と同一若しくは類似の商品等表示
を使用する者又はその商品等表示に係る業務を承
継した者がその商品等表示を不正の目的でなく使
用し、又はその商品等表示を不正の目的でなく使
用した商品を譲渡し、引き渡し、譲渡若しくは引
渡しのために展示し、輸出し、輸入し、若しくは
電気通信回線を通じて提供する行為

四　第2条第1項第2号に掲げる不正競争　他人の
商品等表示が著名になる前からその商品等表示と
同一若しくは類似の商品等表示を使用する者又は
その商品等表示に係る業務を承継した者がその商
品等表示を不正の目的でなく使用し、又はその商
品等表示を不正の目的でなく使用した商品を譲渡
し、引き渡し、譲渡若しくは引渡しのために展示
し、輸出し、輸入し、若しくは電気通信回線を通
じて提供する行為

五　第2条第1項第3号に掲げる不正競争　次のい
ずれかに掲げる行為

イ　日本国内において最初に販売された日から起
算して3年を経過した商品について、その商品
の形態を模倣した商品を譲渡し、貸し渡し、譲
渡若しくは貸渡しのために展示し、輸出し、又
は輸入する行為

ロ　他人の商品の形態を模倣した商品を譲り受け
た者（その譲り受けた時にその商品が他人の商
品の形態を模倣した商品であることを知らず、
かつ、知らないことにつき重大な過失がない者
に限る。）がその商品を譲渡し、貸し渡し、譲

渡若しくは貸渡しのために展示し、輸出し、又は輸入する行為

六　第2条第1項第4号から第9号までに掲げる不正競争　取引によって営業秘密を取得した者（その取得した時にその営業秘密について営業秘密不正開示行為であること又はその営業秘密について営業秘密不正取得行為若しくは営業秘密不正開示行為が介在したことを知らず、かつ、知らないことにつき重大な過失がない者に限る。）がその取引によって取得した権原の範囲内においてその営業秘密を使用し、又は開示する行為

七　第2条第1項第10号に掲げる不正競争　第15条第1項の規定により同項に規定する権利が消滅した後にその営業秘密を使用する行為により生じた物を譲渡し、引き渡し、譲渡若しくは引渡しのために展示し、輸出し、輸入し、又は電気通信回線を通じて提供する行為

八　第2条第1項第11号から第16号までに掲げる不正競争　次のいずれかに掲げる行為

　イ　取引によって限定提供データを取得した者（その取得した時にその限定提供データについて限定提供データ不正開示行為であること又はその限定提供データについて限定提供データ不正取得行為若しくは限定提供データ不正開示行為が介在したことを知らない者に限る。）がその取引によって取得した権原の範囲内においてその限定提供データを開示する行為

　ロ　その相当量蓄積されている情報が無償で公衆に利用可能となっている情報と同一の限定提供データを取得し、又はその取得した限定提供データを使用し、若しくは開示する行為

九　第2条第1項第17号及び第18号に掲げる不正
　競争　技術的制限手段の試験又は研究のために用
　いられる同項第17号及び第18号に規定する装置、
　これらの号に規定するプログラム若しくは指令符
　号を記録した記録媒体若しくは記憶した機器を譲
　渡し、引き渡し、譲渡若しくは引渡しのために展
　示し、輸出し、若しくは輸入し、若しくは当該プ
　ログラム若しくは指令符号を電気通信回線を通じ
　て提供する行為又は技術的制限手段の試験又は研
　究のために行われるこれらの号に規定する役務を
　提供する行為

2　前項第2号又は第3号に掲げる行為によって営業
　上の利益を侵害され、又は侵害されるおそれがある
　者は、次の各号に掲げる行為の区分に応じて当該各
　号に定める者に対し、自己の商品又は営業との混同
　を防ぐのに適当な表示を付すべきことを請求するこ
　とができる。

　一　前項第2号に掲げる行為　自己の氏名を使用す
　　る者（自己の氏名を使用した商品を自ら譲渡し、
　　引き渡し、譲渡若しくは引渡しのために展示し、
　　輸出し、輸入し、又は電気通信回線を通じて提供
　　する者を含む。）

　二　前項第3号に掲げる行為　他人の商品等表示と
　　同一又は類似の商品等表示を使用する者及びその
　　商品等表示に係る業務を承継した者（その商品等
　　表示を使用した商品を自ら譲渡し、引き渡し、譲
　　渡若しくは引渡しのために展示し、輸出し、輸入
　　し、又は電気通信回線を通じて提供する者を含
　　む。）

第6章　不正競争防止法

不正競争防止法19条は、不正競争防止法2条1項に定める「不正競争」に形式上該当するものであっても、差止請求権や罰則等の規定が適用されない場合を規定したものである（『逐条解説不正競争防止法』p230）。

**(1) 商品及び営業の普通名称・慣用表示（不競19条1項1号）**

不正競争防止法19条1項1号は、2条1項1号・2号・20号・22号に掲げる不正競争に対する適用除外を規定したものである。

商品又は営業の普通名称や慣用表示は、特定人の独占に適さない。このような見地から、これを普通に用いる方法で使用し、若しくはこれを普通に用いる方法で使用した商品の譲渡等をし、若しくはこれを普通に用いる方法で使用して役務を提供する行為を適用除外としている（『逐条解説不正競争防止法』p230）。

**(2) 自己の氏名の不正の目的でない使用（不競19条1項2号）**

不正競争防止法19条1項2号は、2条1項1号・2号・22号に掲げる不正競争に対する適用除外を規定したものである。

自己の氏名を使用する利益は、本人自身が享受すべきである。このような見地から、不正の目的がなく使用する場合には適用除外としている（『逐条解説不正競争防止法』p232）。

**(3) 周知性獲得以前からの先使用（不競19条1項3号）**

不正競争防止法19条1項3号は、2条1項1号に掲げる不正競争に対する適用除外を規定したものである。

他人の商品等表示が周知性を獲得する以前から不正の目的でなく使用している場合には、既得権の保護の見地から、

---

**補足説明**
1号のかっこ書に規定する「ぶどうを原料又は材料とする物」には、たとえば、シャンパンやコニャック等が含まれる。

第11節　適用除外等

先使用権を認め、適用除外としている（『逐条解説不正競
争防止法』p233）。

**(4) 著名性獲得以前からの先使用（不競 19 条 1 項 4 号）**

不正競争防止法 19 条 1 項 4 号は、2 条 1 項 2 号に掲げ
る不正競争に対する適用除外を規定したものである。

他人の商品等表示が著名性を獲得する以前から不正の目
的でなく使用している場合には、既得権の保護の見地から、
先使用権を認め、適用除外の対象としている（『逐条解説
不正競争防止法』p233）。

**(5) 日本国内において最初に販売された日から起算して 3
年の経過（不正競争防止法 19 条 1 項 5 号イ）**

不正競争防止法 19 条 1 項 5 号イは、2 条 1 項 3 号に掲
げる不正競争に対する適用除外を規定している。具体的に
は、2 条 1 項 3 号に掲げる不正競争のうち、「日本国内に
おいて最初に販売された日から起算して 3 年を経過した商
品について、その商品の形態を模倣した商品を譲渡し、貸
し渡し、譲渡若しくは貸渡しのために展示し、輸出し、又
は輸入する行為」について適用除外の対象となる。

模倣の禁止を先行者の投資回収の期間に限定すること
が、適切であるとの考えによるものである（『逐条解説不
正競争防止法』p234）。

① 「3 年間」とした理由（『逐条解説不正競争防止法』
p234、235）

先行者の投資回収期間を一律に決することは困難であ
るが、政策的見地から一定の確定期間を定めることが適
切である。そこで、国際的ハーモナイゼーションの観点
等をも踏まえ、模倣の禁止期間を 3 年間とした。

② 期間の起算点（『逐条解説不正競争防止法』p235、
236）

投資回収の期間を確保するという趣旨に鑑みれば、市

場での投資回収活動が外見的に明らかになる時点を捉えて、商品の形態の模倣を禁止する期間の起算点とすることが適切である。そこで、当該商品の販売が開始された時点を起算点とした。

### (6) 模倣商品の善意取得者保護（不正競争防止法 19 条 1 項 5 号ロ）

不正競争防止法 19 条 1 項 5 号ロは、2 条 1 項 3 号に掲げる不正競争に対する適用除外を規定している。

模倣商品を譲り受けた者が、その譲受の際に、その商品が模倣商品であることについて善意・無重過失であった場合には、取引の安全の保護の見地から、適用除外としている（『逐条解説不正競争防止法』p237）。

### (7) 営業秘密の善意取得者保護（不競 19 条 1 項 6 号）

不正競争防止法 19 条 1 項 6 号は、2 条 1 項 4 号～9 号までに掲げる不正競争に対する適用除外を規定したものである。

不正競争防止法では、第三者が営業秘密を取得した際には不正取得行為・不正開示行為の事実について善意・無重過失でも、事後的に悪意に転化した場合には、このような第三者（事後的悪意者）の使用行為又は開示行為も不正行為として位置付けている。事後的悪意者の行為を「不正競争」として差止請求等の対象とすることは、営業秘密の保有者の保護に資するものの、他方で、対価を払ってノウハウを取得した第三者に不測の損害を与え、取引の安全を害することとなる。したがって、本号は、営業秘密を善意・無重過失で取得した場合には、当該営業秘密に関して契約等にもとづき取得した権原の範囲内で、当該営業秘密を使用又は開示できることとするものである（『逐条解説不正競争防止法』p237）。

### (8) 営業秘密侵害品の譲渡等（不競 19 条 1 項 7 号）

不正競争防止法 19 条 1 項 7 号は、2 条 1 項 10 号に掲げる不正競争に対する適用除外を規定したものである。

### (9) 限定提供データの善意取得者保護（不競 19 条 1 項 8 号イ）

不正競争防止法 19 条 1 項 8 号イは、限定提供データ不正開示行為の介在等について知らずに取得した者について、その後悪意に転じた場合であっても、悪意に転じる前に契約等に基づき取得した権原の範囲内での開示行為については不正競争とはしないとの適用除外を規定したものである。

ここでいう「権原の範囲内」とは、限定提供データを取得した際の取引（売買、ライセンス等）において定められた条件（開示の期間、目的、態様に関するもの）の範囲内という意味である。

### (10) 限定提供データと同一のオープンなデータ（不競 19 条 1 項 8 号ロ）

不正競争防止法 19 条 1 項 8 号ロは、相手を特定・限定せずに無償で広く提供されているデータ（以下「オープンなデータ」という。）は、誰でも自由に使うことができるものであることから、このようなデータと同一の限定提供データを取得し、又はその取得したデータを使用し、若しくは開示する行為を適用除外とするものである。

### (11) 試験又は研究のために用いられる装置等の譲渡等（不競 19 条 1 項 9 号）

不正競争防止法 19 条 1 項 9 号は、2 条 1 項 17 号及び 18 号に掲げる不正競争に対する適用除外を規定したものである。

---

**補足説明**
産業全体の競争促進のために、法律により保護されている権利（又は利益）を制限するとの考え方に立っている規定としては、特許法 69 条 1 項等がある（『逐条解説不正競争防止法』p240）。

第6章　不正競争防止法

## 2　混同防止表示付加請求 (不競19条2項)

　適用除外規定（不競 19 条 1 項）により、自己の氏名を不正の目的でなく使用等する者、他人の商品等表示が需要者の間に広く認識される前からその商品等表示と同一若しくは類似の商品等表示を使用等する者の表示の使用継続を受忍しなければならない者の不利益に鑑み、両者間の利益の再調整を図るため、その使用者に対して混同を防ぐために適当な表示を付すことの請求を認めている（不競 19 条 2 項、『逐条解説不正競争防止法』p240）。

### (1) 不正競争防止法 19 条 2 項 1 号

　不正競争防止法 19 条 2 項 1 号は、1 項 2 号に掲げる行為に対するものである。すなわち、「自己の氏名を使用する者」に対して混同防止表示付加請求を行うことができることを規定している。

　かっこ書内の規定は、自己の氏名を使用した商品を、自ら譲渡、引渡し等した場合を含むとしている。当該規定の趣旨は、平成 5 年改正前の第 2 条第 2 項ただし書の規定（「単ニ商品ヲ販売、拡布又ハ輸出スル者ニ対シテハ此ノ限ニ在ラズ」）と同じである。つまり、商品を製造していない単なる流通業者等に対しては当該請求は認められないという趣旨である（『逐条解説不正競争防止法』p240、241）。

### (2) 不正競争防止法 19 条 2 項 2 号

　不正競争防止法 19 条 2 項 2 号は、1 項 3 号に掲げる行為に対するものである。すなわち、「他人の商品等表示と同一又は類似の商品等表示を使用する者及びその商品等表示に係る業務を承継した者」に対し、混同防止表示付加請求を行うことができることを規定している。

第11節　適用除外等

199

**事例解答**

不正競争防止法2条1項1号に掲げる不正競争行為であっても、他人の商品等表示が需要者の間に広く認識される前からその商品等表示と同一若しくは類似の商品等表示を使用する者又はその商品等表示に係る業務を承継した者がその商品等表示を「不正の目的でなく」使用等をする行為は、不競3条等の規定は適用されない（不競19条1項3号）。したがって、他人の商品等表示が周知となる以前からその表示を使用する者の業務を承継した者による使用であっても、不正の目的がある場合は、差止請求の対象となる。

# memo

## 第12節 刑事上の措置

重要度 ★★★

### 事例問題

視聴料を払った者のみが視聴できるようにスクランブルを施して番組が放送されている場合に、視聴料を払わなくともその番組を視聴できるプログラムをインターネットで流通させる行為には、刑事罰が科されることはないのだろうか？

⇒解答は204頁

### 学習到達目標

①刑事罰の内容を理解
②とくにどの行為にどのような罰則が存在しているのかを正確に理解

### ★ 目標到達までのチェックポイント

☑ どの行為に罰則の適用があるかを理解したか。
☑ 両罰規定の適用があるものを理解したか。

### ▼ 他の項目との関連性

どの行為が罰則に該当するかが問題となることから、これまでのすべての項目との関連性を有する。適宜参照されたい。

第6章　不正競争防止法

## 1　罰則（不競21条）

**不正競争防止法第21条（罰則）**

1　次の各号のいずれかに該当する者は、10年以下の懲役若しくは2000万円以下の罰金に処し、又はこれを併科する。

一～九　（略）

2　次の各号のいずれかに該当する者は、5年以下の懲役若しくは500万円以下の罰金に処し、又はこれを併科する。

一～七　（略）

3　次の各号のいずれかに該当する者は、10年以下の懲役若しくは3000万円以下の罰金に処し、又はこれを併科する。

一～三　（略）

**(1)　趣旨**

　不正競争防止法は、事業者の営業上の利益という私益と、公正な競争秩序の維持という公益を保護法益としている。その実現手段としては、当業者間の差止請求、損害賠償請求等の民事的請求を基本としつつも、公益の侵害の程度が著しく、当事者間の民事的請求にのみ委ねられることが妥当でない行為類型については、刑事罰の対象としている（『逐条解説不正競争防止法』p245）。

**(2)　刑事罰の対象外の行為**

　限定提供データに係る不正行為（不競2条1項11号～16号）、ドメイン名に係る行為（同項19号）、信用毀損行為（同項21号）、代理人等の商標冒用行為（同項22号）については、当事者間の民事的請求に委ね、刑事罰の対象としていない。

第12節　刑事上の措置

## 2 両罰規定 （不競22条）

**不正競争防止法第22条（罰則）**

1 　法人の代表者又は法人若しくは人の代理人、使用
　人その他の従業者が、その法人又は人の業務に関し、
　次の各号に掲げる規定の違反行為をしたときは、行
　為者を罰するほか、その法人に対して当該各号に定
　める罰金刑を、その人に対して各本条の罰金刑を科
　する。

一～三　（略）

**事例解答**

視聴料を払った者のみが視聴できるようにスクランブルを施して番組が放送
されている場合に、視聴料を払わなくともその番組を視聴できるプログラム
をインターネットで流通させる行為は、不競2条1項18号の不正競争に該当
するが、不正の利益を得る目的で、又は営業上技術的制限手段を用いている
者に損害を加える目的で、不競2条1項18号に掲げる不正競争を行った者に
は刑事罰が科される（不競21条2項4号）。

第 7 章

# 著 作 権 法

## 第 1 節
# 著作権法の概要

重要度 ★★★

### 事例問題

著作権法の目的は、どのようなものだろうか？また、著作権を得るためには、何か手続が必要なのだろうか？　　　　　　　　　　　　　　⇒解答は209頁

### 学習到達目標

①著作権法の概要を理解
②その沿革や取り巻く条約などを理解することにより全体像を把握
③著作権法の目的が何であるかも意識

### ★　目標到達までのチェックポイント
☑著作権法の目的を理解したか。
☑著作権法を取り巻く条約等について理解したか。

### ▼　他の項目との関連性
目的等は著作権法を定めた理由であり、すべての項目と関連する。

206

# 第7章 著作権法

## 第1節 著作権法の概要

## 1 産業財産権との関係

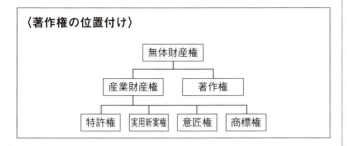

〈著作権の位置付け〉

## 2 著作権法の沿革等

著作権法は、明治32年（1899年）に制定され、数度の一部改正が行われた。そして、昭和45年（1970年）に全部改正され、複数回にわたる一部改正を経て現在に至っている。

なお、著作権法の前身は、明治2年（1869年）に制定された「出版条例」であるといわれている。

**補足説明**
著作権法が制定された明治32年に、わが国は、著作権の基本条約である「ベルヌ条約」を締結した。

## 3 著作権法の目的

**著作権法第1条（目的）**
　この法律は、著作物並びに実演、レコード、放送及び有線放送に関し著作者の権利及びこれに隣接する権利を定め、これらの文化的所産の公正な利用に留意しつつ、著作者等の権利の保護を図り、もつて文化の発展に寄与することを目的とする。

① 文化の発展
　著作権法は、「産業の発達」を目的とする特許法等とは異なり、「文化の発展」を目的としている。
② 著作者の権利と著作隣接権
　著作権法は、著作物に関し「著作者の権利」を定めて

**補足説明**
　産業財産権法、たとえば特許法では、発明の保護及び利用を図ることにより、発明を奨励し、もつて産業の発達に寄与することを目的とする（特1条）。

いる（第2章）。また、著作権法は、実演、レコード、放送及び有線放送に関し「著作隣接権」を定めている（第4章）。

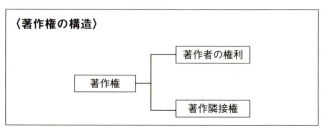

〈著作権の構造〉

> **補足説明**
> 著作者の権利及び著作隣接権は、著作物の制作等を行った時点で自動的に発生する（著17条2項）。すなわち、原簿への設定登録という行政処分を経ずに発生する（無方式主義）。この点で、特許権等の産業財産権とは大きく異なる。

> **補足説明**
> 著作隣接権とは、著作物等を伝達する者に付与される権利をいう。

## 4 著作者の権利に関する主な用語の定義

① 「著作物」

思想又は感情を創作的に表現したものであって、文芸、学術、美術又は音楽の範囲に属するものをいう（著2条1項1号）。

② 「著作者」

著作物を創作する者をいう（同項2号）。

## 5 著作権法に関連する国際条約

**(1) ベルヌ条約**

「文学的及び美術的著作物の保護に関する条約」である。1886年にヨーロッパ諸国を中心に創設されたものである。WIPO（World Intellectual Property Organization）が管理している。

> **補足説明**
> 著作権法では、「著作者の権利及びこれに隣接する権利に関し条約に別段の定めがあるときは、その規定による」（著5条）と規定されている。

**(2) ローマ条約**

「実演家、レコード製作者及び放送機関の保護に関する条約」であり、著作隣接権についての取極が規定されている。「実演家等保護条約」と呼ばれることがある。WIPOが管理している。

第7章　著作権法

### (3) TRIPS 協定

著作権及び著作隣接権についても規定されている（TRIPS 9 条～ 14 条）。なお、著作隣接権については、著作権よりも保護の水準が引き下げられている（TRIPS 9 条 1 第 2 文）。WTO（World Trade Organization）が管理している。

### (4) 万国著作権条約

ベルヌ条約とは関係がない条約である。UNESCO（United Nations Educational, Scientific and Cultural Organization：国際連合教育科学文化機関）が管理している。

### (5) WIPO 著作権条約

「著作権に関する世界知的所有権機関条約」であり、ベルヌ条約 20 条に規定する特別の取極として位置付けられている。WIPO が管理している。

> **補足説明**
> 著作権及び著作隣接権については、その管理がWIPO に集中しているとはいえず、不完全な集中化状態にとどまっているといえる。

第 1 節　著作権法の概要

---

**事例解答**

著作権法は、創作された著作物に関して、その公正な利用に留意しつつ、著作者の権利の保護を図り、「文化の発展」に寄与することを目的としている。また、著作権は、「申請」「登録」といった手続を一切必要とせず、著作物を創作した時点で、「自動的」に発生する権利である。

209

## 第2節 著作物

重要度 ★★★

### 事例問題

現代の書家が、平安時代の高僧の書を忠実に写した書は、著作物として保護されるのだろうか？　　　　　　　　　　　　　　⇒解答は219頁

### 学習到達目標

① 著作物とは何かを理解
② 著作物の定義にもとづき著作物か否かを判断可能に

### ★ 目標到達までのチェックポイント

☑ 著作物の定義を暗記したか。
☑ 著作物の類型について理解したか。
☑ 意匠が具体的であるとは何かを説明できるか。
☑ 著作権法10条に挙げられている著作物の例を、条文だけで具体的に説明できるか。
☑ 共同著作物・結合著作物・集合著作物を理解したか。

### ▼ 他の項目との関連性

著作物が存在していることが著作権（著作者人格権も含む）の前提となる。そのためすべての項目に関連する。

第7章　著作権法

## 1　著作物の定義

**著作権法第2条第1項第1号（定義）**

1　この法律において、次の各号に掲げる用語の意義
は、当該各号に定めるところによる。
一　著作物　思想又は感情を創作的に表現したもの
であつて、文芸、学術、美術又は音楽の範囲に属
するものをいう。

### （1）著作物は、「思想又は感情を創作的に表現したもの」である（著2条1項1号）

① アイディアと表現の区別

著作物の要件としては、思想、感情が創作的かどうか
は問わない。ある思想、感情があるときに、これを創作
的に表現しているか否かということが問題となる。アイ
ディアは保護されず、表現のみが保護される。したがっ
て、誰が著作しても同様の表現となるようなものは創作
性を欠く（『著作権法概説』p15）。

たとえばアイディアとか、理論とか、あるいはキャラ
クターといわれているものは著作物の骨格をなす重要な
要素であろうけれども、アイディアそれ自体、あるいは
理論それ自体は著作物たりえない。アイディアにもとづ
いてそれを具体的に表現したもの、すなわち、小説・論文・
楽曲・絵画というように具体的に表現された形式を指し
て著作物というわけである（『著作権法逐条講義』p23、
24）。

たとえば、料理方法を解説した料理書は著作物として
保護されるが、料理の方法自体は著作物では保護されな
い（『実務者のための著作権ハンドブック』p169）。

② アイディアの独創性と表現の創作性（『著作権法概
説』p18）

アイディアがいかに独創的なものであったとしても、

---

第2節　著作物

**用語**
「表現」
　表現がなされていれば
足り、なんらかの媒体に
固定されることは不要で
ある。なお、アメリカ合
衆国法上、著作権の保護
を享受するためには、著
作物が有形の媒体に固定
されている必要がある
（『著作権法概説』p11、
12）。
　映画の著作物について
は、物に固定されている
ことが必要である（著2
条3項）。

その表現が創作性を満たさない限り、著作権法の保護の対象とはならない。表現の創作性を問わずにアイディアを保護する法としては、著作権法の保護は強力でありすぎるといえる。

③　創作性について（『著作権法概説』p14）

創作性の要件が満たされるためには、著作物が新規であることは必要とされない。

創作した著作物が、偶然、既存の著作物と同じものであったとしても、創作性の要件は否定されない。その意味で、創作性は相対的（主観的）な新規性で足りる。この点でも、絶対的（客観的）な新規性を要求する特許法等と異なる。

### (2) 著作物は、「文芸、学術、美術又は音楽の範囲に属するもの」である（著2条1項1号）

文芸、学術、美術及び音楽の4つのジャンルが示されているが、そのどれかにあたれば著作物となるのであるから、著作物性を判断するに際してその分類を詮索しても、あまり意味がない。4つ合わせて文化の範囲に属するものを指すと捉えれば足りる（『著作権法概説』p30）。

## 2 著作物の種類

著作物は、一般の著作物、二次的著作物、編集著作物、及びデータベースの著作物の4つに分類することができる。

### (1) 一般の著作物

著作物の定義を明確化するため、一般の著作物が例示されている（著10条1項1号〜9号）。具体的には、以下の①〜⑨のとおりである。

ここで注意すべきは、著作権法10条1項各号と著作権

---

**補足説明**

「文芸、学術、美術又は音楽の範囲」という要件は、著作権法の守備範囲はあくまで文化の範囲にとどまるべきものであるという価値判断の現れである。言い換えるのであれば、人間の知的文化的精神活動全般ということである。

**補足説明**

対象となる著作物が一般の著作物のうちのいずれに該当するかを検討する場面としては、著作物の種類によって適用条文が異なる場合が考えられる。たとえば、映画の著作物にのみ適用される規定（著29条）がある。

法2条1項1号との関係である。すなわち、著作権法10
条1項各号の規定は著作物を限定列挙しているのではな
く、単なる例示列挙にすぎない。したがって、著作権法10
条1項各号のいずれにも該当しなくても、創作性等の著作
物としての要件（著2条1項1号）を満たせば、著作権法
において著作物として扱われる。このため、著作物か否か
を判断するにあたって、著作権法10条1項各号に該当し
ないから、著作物ではないということにはならない。

① **言語の著作物**（著10条1項1号）

　小説、脚本、論文、講演その他の言語の著作物であり、
言語体系によって表現された著作物である（『著作権法
逐条講義』p120）。

　すなわち、小説、脚本、論文等の文字で表現されたも
ののほか、講演、説教、テーブルスピーチなどの口頭で
伝達されるものも「言語の著作物」に含まれる（『実務
者のための著作権ハンドブック』p7）。

　ただし、事実の伝達にすぎない雑報及び時事の報道は、
「言語の著作物」に該当しない（著10条2項）。

　また、キャッチフレーズ、標語、スローガン等は、言
語で表現されているが、多くの場合、言語の著作物とは
考えられていない。題号については、その著作物本体と
ともに「同一性保持権」（著20条1項）の要素となるが、
題号自体は通常著作物とはならないと考えられている
（『実務者のための著作権ハンドブック』p8）。

② **音楽の著作物**（著10条1項2号）

　音によって表現される著作物である（『著作権法逐条
講義』p121）。たとえば、楽曲、楽曲を伴う歌詞等である。
また、即興の歌も「音楽の著作物」に該当する。

③ **舞踊又は無言劇の著作物**（著10条1項3号）

　身振りや動作によって表現される著作物である（『著
作権法逐条講義』p122）。

　　例：日本舞踊、バレエ、ダンス、パントマイムの振り付け等

**補足説明**
歌詞は「言語の著作物」
にも該当する。

**補足説明**
踊りそのものは、「実演」
に該当する。なお、著作
物を、演劇的に演じ、舞い、
演奏し、歌い、口演し、
朗詠し、又はその他の方
法により演ずること（こ
れらに類する行為で、著
作物を演じないが芸能的
な性質を有するものを含
む）をいう（著2条1項
3号）。

213

④ **美術の著作物**（著10条1項4号）

形状や色彩によって表現される美術的な著作物である（『著作権法逐条講義』p122）。

たとえば、絵画、版画、彫刻その他の美術の著作物である。

書や舞台美術、漫画、劇画等は「美術の著作物」である（『実務者のための著作権ハンドブック』p8）。なお、「美術の著作物」には、美術工芸品が含まれる（著2条2項）。

一品製作的な美術工芸品は、応用美術品であっても「美術の著作物」に含まれる。

⑤ **建築の著作物**（著10条1項5号）

いわゆる建築芸術をいうものである（『著作権法逐条講義』p123）。たとえば、宮殿や博物館等の芸術的な建築物である。

通常のありふれたビルや住居等の建物は「建築の著作物」に含まれない（『実務者のための著作権ハンドブック』p10）。なお、建築の設計図は「図形の著作物」に含まれる。

⑥ **図形の著作物**（著10条1項6号）

地図又は学術的な性質を有する図面、図表、模型その他の図形の著作物である。

たとえば、道路地図、住宅地図、建築物の設計図、グラフ、地球儀、人体模型等は、「図形の著作物」に該当する（『実務者のための著作権ハンドブック』p10）。

⑦ **映画の著作物**（著10条1項7号）

たとえば、劇場用映画、アニメ、ビデオ、ゲームソフトの映像部分等である。

なお、映画の著作物には、映画の効果に類似する視覚的又は視聴覚的効果を生じさせる方法で表現され、かつ、物に固定されている著作物が含まれる（著2条3項）。したがって、劇場上映用映画だけでなく、テレビドラマやコマーシャルフィルム、ホームビデオで撮った影像等も、「映画の著作物」に含まれる。なお、コンピュータ・

**補足説明**
映画の著作物には頒布権（著26条）が認められ、著作者の権利（著29条）や保護期間（著54条）等の特則がおかれ、一般の著作物と異なる取扱いがなされる。

第7章　著作権法

ゲームの影像についても、ROM に固定された影像として、「映画の著作物」にあたるとする判例（東京地判昭和 59 年 9 月 28 日（昭和 56 年（ワ）8371 号）パックマン事件）がある。もっとも、防犯カメラで店内の風景を自動的に撮影した記録影像等は、「映画の著作物」とは考えられず、単なる録画物にすぎない（『実務者のための著作権ハンドブック』p10、11）。

⑧　**写真の著作物**（著 10 条 1 項 8 号）

たとえば、写真やグラビア等である。

なお、写真の著作物には、写真の製作方法に類似する方法を用いて表現される著作物が含まれる（著 2 条 4 項）。

したがって、写真染めやグラビア等も「写真の著作物」に含まれる。また、素人のスナップ写真も「写真の著作物」に含まれる。もっとも、絵画を平面的に撮影した写真や駅の構内等に設置された自動撮影機による 3 分間写真のようなものは「写真の著作物」に含まれない（『実務者のための著作権ハンドブック』p11）。

⑨　**プログラムの著作物**（著 10 条 1 項 9 号）

コンピュータに対する指令によって表現される著作物である（『著作権法逐条講義』p126）。たとえば、コンピュータ・プログラム等である。プログラムとは電子計算機を機能させて 1 の結果を得ることができるようにこれに対する指令を組み合せたものとして表現したものをいう（著 2 条 1 項 10 号の 2）。

「プログラムの著作物」を作成するために用いるプログラム言語、規約及び解法は、著作権法による保護を受けるものではない（著 10 条 3 項）。

**(2)　二次的著作物**（著 2 条 1 項 11 号）

著作物を翻訳し、編曲し、若しくは変形し、又は脚色し、映画化し、その他翻案することにより創作した著作物をいう（著 2 条 1 項 11 号）。すなわち、既存の著作物に新規な

---

**補足説明**

伝統的なフィルムによる劇場用映画のみならず、ビデオ・テープ、ビデオ・カセット、ビデオ・ディスク等の連続影像収録物（ビデオ・ソフト）も、その支持物あるいは固定物が光学フィルムか磁気テープ・ディスクかの違いにすぎず、内容的には映画との区別を認める必要はないことから、著作権法 2 条 3 項によって映画の著作物の概念に含ませている（『著作権法逐条講義』p70）。

**補足説明**

システム設計書やプログラム使用マニュアルは、言語の著作物に該当する。また、フローチャートは、図形の著作物に該当する。

第2節　著作物

創作行為を加えて作成された著作物である。用字用語の変更等、多少の修正増減を加えたにすぎないものは二次的著作物に該当しない。

① 「翻訳」

言語の著作物を言語体系の違う他の国語で表現しなおすことをいう。

② 「編曲」

音楽の著作物について、楽曲をアレンジして原曲に付加的価値を生み出すことをいう。

③ 「変形」

美術の著作物について、たとえば絵画を彫刻にし、彫刻を絵画にするというように次元を異にして表現する場合とか、写真を絵画にするように表現形式を変更する場合をいう。

④ 「翻案」

たとえば脚色や映画化等をいう。脚色とは、文芸作品について小説を基に脚本をつくる場合のように非演劇的な著作物を演劇的な著作物に書き換えることをいい、映画化とは、文芸作品が主体であるが、ある著作物を基として映画の著作物を製作することをいい、漫画を映画化することも現実に行われている。

主な二次的著作物としては、たとえば、英語で書かれた小説（原作品）を日本語に訳（翻訳）した本や、小説（原作品）を映画化するために作成した脚本等が該当する。

なお、翻訳等により二次的著作物を創作するには、原作品の著作者の了解が必要である（著27条）。また、二次的著作物を利用する場合には、二次的著作物の著作者の許諾のほかに原作品の著作者の許諾も必要である（著28条）。

**(3) 編集著作物（著12条1項）**

編集著作物とは、編集物（データベースに該当するものを除く）で、その素材の選択又はその素材の配列によって

---

**補足説明**

その他の翻案としては、既存の著作物の内面形式を維持しつつ、ストーリー性等をそのまま維持しながら外面形式、すなわち具体的な表現を変える、シチュエーションを変えるというような場合であり、たとえば、小説を児童向きの読み物にリライトする行為や、長い文章を短くダイジェストする行為等がある（『著作権法逐条講義』p50）。

創作性を有するものをいう（著12条1項）。この場合の素材は、データや英語の単語のようなものでもよい。すなわち、素材は著作物でなくてもよい。

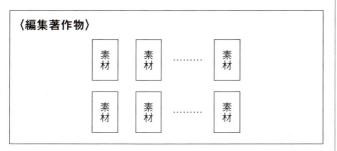

たとえば、百科事典、詩集、職業別電話帳等の所定の編集物が該当する。このような編集物の一部を構成する個々の著作物等（部品）とは別に、その全体が編集著作物として保護される。

編集物については、その素材の収集、分類、選択、配列が編集者の一定の方針あるいは目的のもとに行われ、そこに創作性を見出すことができれば、全体を創作物として扱うこととしている（『実務者のための著作権ハンドブック』p176）。言い換えれば、全体的な創作性がないものは、編集著作物として扱われない。

### (4) データベースの著作物（著12条の2第1項）

データベースの著作物とは、データベースでその情報の選択又はその情報の体系的な構成によって創作性を有するものをいう（著12条の2第1項）。

なお、データベースとは、論文、数値、図形その他の情報の集合物であって、それらの情報を、電子計算機を用いて検索することができるように体系的に構成したものをいう（著2条1項10号の3）。

「編集著作物」か「データベースの著作物」かの区別は、電子計算機（コンピュータ）で検索できるか否かで行う。すなわち、コンピュータで検索できるものは「データベー

> **補足説明**
> たとえば、ある作家が書いたすべての小説を、書かれた順に収録した全集は、創作性が認められず、編集著作物として扱われない。また、名刺を50音順に並べて収納したファイルは、編集著作物として扱われない。いずれも、知的活動を要せずして作成されるものであるからである。

> **補足説明**
> 例：企業の従業員に関する情報や顧客情報を蓄積したデータベース等

スの著作物」であり、検索できないものは「編集著作物」である。

### (5) その他

#### ① 共同著作物（著2条1項12号）

2人以上の者が共同して創作した著作物であって、各人の寄与を分離して個別的に利用することができないものは、共同著作物と呼ばれる（著2条1項12号）。すなわち、共同著作物の要件として、共同著作性及び分離利用不可能性の2つがある。

たとえば、座談会は、発言者全員の共同著作物である。

#### ② 結合著作物

たとえば、小説に挿絵が挿入されて発表された場合であっても、小説と挿絵とはそれぞれ分離して個別的に利用することができることから、これは共同著作物ではない。また、歌詞と楽曲からなる音楽の著作物は、分離利用が可能なことから、共同著作物ではない。

これらの著作物を「結合著作物」ということがある。

#### ③ 集合著作物

たとえば、第1章はAさんの分担、第2章はBさんの分担というように分担する箇所を定めて書いた場合は、共同著作物ではない。なお、これを、「集合著作物」ということがある。

## 3 権利の目的とならない著作物

**著作権法第13条（権利の目的とならない著作物）**

次の各号のいずれかに該当する著作物は、この章の規定による権利の目的となることができない。

一 憲法その他の法令

二 国若しくは地方公共団体の機関、独立行政法人（独

---

**補足説明**

共同著作物の著作者人格権は、著作者全員の合意によらなければ、行使することができない（著64条1項・2項）。

また、共有に係る著作権は、その共有者全員の合意によらなければ、行使することができない（著65条2項・3項）。

---

**補足説明**

著作権法13条は、著作権法による保護を受けられない場合を規定している。この意味において、特許法における不特許事由（特32条）と対比して考えることができる。

立行政法人通則法（平成 11 年法律第 103 号）第 2
条第 1 項に規定する独立行政法人をいう。以下同
じ。）又は地方独立行政法人（地方独立行政法人法（平
成 15 年法律第 118 号）第 2 条第 1 項に規定する地
方独立行政法人をいう。以下同じ。）が発する告示、
訓令、通達その他これらに類するもの

三　裁判所の判決、決定、命令及び審判並びに行政庁
　の裁決及び決定で裁判に準ずる手続により行われる
　もの

四　前 3 号に掲げるものの翻訳物及び編集物で、国若
　しくは地方公共団体の機関、独立行政法人又は地方
　独立行政法人が作成するもの

　たとえば、官公庁が周知目的で作成したものを、説明の
材料とする場合は、許諾を得ることなく刊行物に「転載」
することができる（『実務者のための著作権ハンドブック』
p178）。

　国や地方公共団体が作成した文書であっても、教育白書
のような報告書等は、著作権の目的になり得る。しかしな
がら、説明材料としての利用について大幅に権利が制限さ
れている（著 32 条 2 項）。

　一般私人の作成した著作権法改正私案のようなものは著
作権の目的になる（『実務者のための著作権ハンドブック』
p15）。

---

**事例解答**

「平安時代の高僧の書を忠実に写した書」は、「思想又は感情を"創作的に"
表現したもの」とはいえ、著作物に該当しない（著 2 条 1 項 1 号）。その
ため、著作物として保護されない。

## 第3節 著作者

重要度 ★★★

### 事例問題

会社の人事評定マニュアルのように、一般に外部への公表を予定していない著作物についても、その会社が著作者となる場合があるのだろうか？

⇒解答は224頁

### 学習到達目標

①どのような者が著作者となるかを把握
②とくに、産業財産権法とは異なり法人著作という概念が存在していることに注意

### ★ 目標到達までのチェックポイント

☑著作者が誰になるかを理解したか。
☑著作者の推定を理解したか。
☑法人著作の概念を理解したか。
☑映画の著作物に関する例外を理解したか。

### ▼ 他の項目との関連性

**①第4節 著作者人格権**
　誰が著作者となるかを理解する。そのため「第4節 著作者人格権」との関連性が高い。
**②第5節 著作財産権**
　著作者が著作権者であれば、「第5節 著作財産権」との関連性も高い。

第7章　著作権法

## 1　著作者の定義

**著作権法第2条第1項第2号（定義）**

1　この法律において、次の各号に掲げる用語の意義
は、当該各号に定めるところによる。

二　著作者　著作物を創作する者をいう。

著作者とは、著作物を創作した者であることから、著作
物の創作を他人や他社に委託（発注）した場合は、料金を
支払ったかどうか等にかかわりなく、実際に創作物を創作
した「受注者側」が著作者となる。このため、発注者側が
納品後にその著作物を利用（例：自社のコピー機による増刷等）す
るためには、その旨の契約をあらかじめ交わしておく必要
がある（著作権テキスト p10）。

## 2　著作者の推定（著14条）

著作物の原作品に、又は著作物の公衆への提供の際に若
しくは著作物の公衆への提示の際に、実名又は周知な変名
が著作者名として通常の方法により表示されている場合に
は、その者を著作物の著作者と推定する（著14条）。

実名とは、その者の氏名又は名称をいう（同条かっこ書）。

変名とは、その者の雅号、筆名、略称その他実名に代え
て用いられるものをいう（同条かっこ書）。

## 3　法人著作の場合（著15条）

### (1) 著作者

著作者になり得るのは、通常、実際の創作活動を行う自
然人である。しかし、創作活動を行う自然人以外が創作者
となる場合が、著作権法に定められている。いわゆる法人
著作である。いわゆる法人著作の場合の著作者は、その法

**補足説明**

例：「新聞記者によって書
かれた新聞記事」に
ついては、会社が創
作者となり得る。「公
務員によって作成さ
れた各種の報告書」
については、国が創
作者となり得る。

第3節　著作者

人の従事者ではなく、法人その他使用者となる（著15条）。

## (2) 法人著作の趣旨

現実に会社が著作物を作成し出版するという形で、社会的にもその著作物に関する責任を会社が負い、会社として対外的信頼を得ているという場合が多い。そこで、そういう性格のものについては、その会社を著作者とすることとした（著15条）。

会社や国の職務によって従業員や公務員が創作したときには、その会社や国が著作者になる場合がある。そのためには、以下の要件を満たす必要がある。

## (3) 法人著作の要件

法人著作の要件は、次の①〜④の4つである。なお、これら①〜④の要件を満たさない限り、その旨の契約を従業員と締結したとしても法人著作とすることができない。

① 法人その他使用者の発意に基づく著作物であること
② 法人その他使用者の業務に従事する者が職務上作成する著作物であること
③ 法人その他使用者が、自己の著作の名義の下に公表する著作物であること

ここにいう「公表するもの」には、法人等の著作名義で公表されたものだけでなく、公表することを予定しているものも含まれる。「公表したもの」と規定していない所以である。

なお、さらに一歩進んで、「公表するもの」の中には、「公表するとすれば法人の名義を付すような性格のもの」にまで広げて解釈すべきである。

また、「プログラムの著作物」の場合は、上記③の要件は不要である（著15条2項）。プログラムの著作物が、すべて公表されるとは限らないからである。

---

**補足説明**

例：新聞社のカメラマンが新聞に載せるためにたくさんの写真を撮ったけれども、新聞に掲載された写真はそのうちの1つであって残りは載らなかったとしても、それは新聞社の著作名義で公表することが当然に予定され、かつ、その意図で作成されているものとして、新聞社の著作物になる（『著作権法逐条講義』p148）。

**補足説明**

例：官庁や企業で外部に出さない内部文書として作られたものが、作成した個人の著作物になってその者が排他的な権利を持つということは不合理であり、当然そのような場合も法人名義で公表するものという中に含めて考えるという趣旨である（『著作権法逐条講義』p148）。

④　著作物の作成のときにおける契約、勤務規則その他
　　に別段の定めがないこと

### （4）法人の定義

　ここにいう「法人」には、法人格を有しない社団又は財
団で代表者又は管理人の定めがあるものを含むものとする
（著2条6項）。

　したがって、著作権法においては、たとえば自治会や
PTA（Parent-Teacher Association）のような団体も「法人」
として扱われる。

## 4　映画の著作物の場合

### （1）原則

　映画の著作物の場合の著作者は、その映画の著作物にお
いて翻案され、又は複製された小説、脚本、音楽その他の
著作物の著作者を除き、制作、監督、演出、撮影、美術等
を担当してその映画の著作物の全体的形成に創作的に寄与
した者となる（著16条本文）。

　すなわち、プロデューサー、監督、撮影監督、美術監督等、
映画の著作物の全体的形成に寄与した者が著作者となる。
原作品、脚本、映画音楽等、映画の中に「部品」等として
取り込まれている著作物の著作者は、全体としての映画の
著作者ではない（著作権テキストp11）。

　また、「全体的形成に創作的に寄与した者」とは、一貫
したイメージを持って映画製作の全体に参加している者を
意味するため、部分的に創作的寄与をするにとどまる助監
督やカメラ助手等は、含まれない（『実務者のための著作
権ハンドブック』p22、23）。

### （2）例外

　法人著作の場合には、この限りでない（著16条ただし

**補足説明**
　映画の著作物の著作権
の帰属については、著作
権法29条に規定されて
いる。なお、「映画製作者」
の定義が著作権法2条1
項10号に規定されてい
る。

書）。

　たとえば、ニュース映画等のように、映画会社がその従業員に作成させるものの創作者については、所定の要件を満たしていれば「法人著作」に該当し、個人は著作者にはならない（『実務者のための著作権ハンドブック』p23）。

**事例解答**

法人著作の要件である、③法人等が自己の著作の名義のもとに公表することは、使用者の著作名義で公表することを予定している著作物、さらには、公表するとすれば法人の名義を付するような性格なものも含み得る。そのため、一般に外部への公表を予定していない著作物についても、かかる要件を満たす。したがって、他の法人著作の要件（①法人等の発意に基づくこと、②法人等の業務に従事する者が、職務上作成すること、④作成時の契約、勤務規則等に別段の定めがないこと）を満たせば、その企業が著作者となる場合がある。

# memo

## 第 4 節

# 著作者人格権

重要度 ★★★

### 事例問題

正規に購入したコンピュータ・プログラムの欠陥を勝手に修正したときは、当該プログラムの著作者の同一性保持権を侵害するのだろうか？

⇒解答は232頁

### 学習到達目標

①著作者人格権の内容を理解
②産業財産権にはない概念であるので、その点を意識しつつ内容を理解

### ★ 目標到達までのチェックポイント

☑著作者人格権に含まれる権利を把握したか。
☑公表権を理解したか。
☑氏名表示権を理解したか。
☑同一性保持権を理解したか。

### ▼ 他の項目との関連性

**第3節 著作者**
「第3節 著作者」との関連性が高い。

## 第4節 著作者人格権

> **著作権法第17条第1項（著作者の権利）**
>
> 著作者は、次条第1項、第19条第1項及び第20条第1項に規定する権利（以下「著作者人格権」という。）並びに第21条から第28条までに規定する権利（以下「著作権」という。）を享有する。

著作者の権利には、人格的利益を保護する著作者人格権と、財産的利益を保護する著作権（財産権）とがある（著17条）。

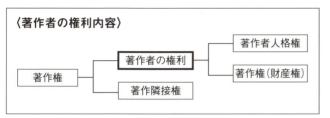

〈著作者の権利内容〉

### 著作者人格権

著作者人格権には、①「公表権」（著18条1項）、②「氏名表示権」（著19条1項）、及び、③「同一性保持権」（著20条1項）がある（著17条1項）。

> **補足説明**
> 「著作者人格権」は、著作者の一身に専属し、譲渡することができない（著59条）。

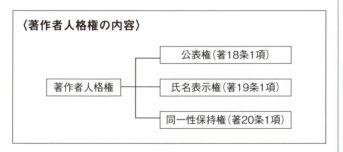

〈著作者人格権の内容〉

### 1 公表権（無断で公表されない権利）

**(1) 公表権の内容**

著作者は、その著作物でまだ公表されていないもの（その同意を得ないで公表された著作物を含む）を公衆に提供し、又は提示する権利を有する（著18条1項前段）。著作

> **用語**
> 「公衆」には、特定かつ多数の者を含むものとする（著2条5項）。

物を原著作物とする二次的著作物についても、同様である（同項後段）。

　著作者は、公表権にもとづいて、まだ公表されていない自分の著作物を公表するか公表しないかの決定を行うことができる。

### (2) 同意なき公表の場合の公表権の確保（著18条1項かっこ書）

　公表権は、未公表の著作物に係る著作者の権利であることから、一度公表されたものについて著作者が公表権を行使することはできない。しかし、著作者の同意を得ないで公表された著作物については公表権を行使することができる（著18条1項かっこ書）。

　このかっこ書の意義は、著作者から著作権の譲渡を受けた者の著作権行使による公表であって、著作者の人格権行使による同意を得ない場合の公表があり得るので、同意なき場合には未公表とすることで公表権を確保している（『著作権法逐条講義』p163、164）。

### (3) 著作者の同意の推定規定（著18条2項）

　未公表の著作物の著作権（財産権）を譲渡した場合、未公表の美術の著作物若しくは写真の著作物の原作品を譲渡した場合、又は映画の著作物の著作権が映画制作者に帰属した場合には、著作物の公表に同意したものと推定される（著18条2項1号～3号）。推定規定ゆえ、特約によって本規定の適用を排除することは可能である。

　本規定は、実際上の問題として公表権があることによって著作権の行使あるいは所有権の行使に過度な制約が加えられるという事態を防止するために設けられたものである。

第7章　著作権法

## 2　氏名表示権 (氏名の表示を求める権利)

### (1) 氏名表示権の内容

　著作者は、その著作物の原作品に、又はその著作物の公衆への提供若しくは提示に際し、その実名若しくは変名を著作者名として表示し、又は著作者名を表示しないこととする権利を有する（著19条1項前段）。

　著作物を原著作物とする二次的著作物についても、同様である（同項後段）。

　すなわち、著作者は、自分の著作物を公表するときに、著作者名を表示するか表示しないか、さらには、表示するとすれば実名（本名）にするか変名（ペンネーム等）にするか等の決定をすることができる。

### (2) 趣旨

　創作者の創作という個人的事実によって生ずる創作者と創作物の人格的不離一体性に着目し、その人格的利益を保護するために、著作者がその著作物の創作者であることを主張する権利を認めたものである（『著作権法逐条講義』p170）。

### (3) 著作者名の表示を省略できる場合 (著19条3項)

　著作者名の表示は、著作物の利用の目的及び態様に照らし著作者が創作者であることを主張する利益を害するおそれがないと認められるときは、公正な慣行に反しない限り、省略することができる（著19条3項）。したがって、たとえば、デパートのBGMとして音楽がメドレーで流される場合にその音楽の著作物の、著作者の氏名を表示しなくとも氏名表示権の侵害を構成しない。

第4節　著作者人格権

229

**3** **同一性保持権**（無断で改変されない権利）

### （1）同一性保持権の内容

　著作者は、その著作物及びその題号の同一性を保持する権利を有し、その意に反してこれらの変更、切除その他の改変を受けない（著20条1項）。

　すなわち、著作者は、自分の著作物の内容や題号について、自分の意に反して他人により無断で改変（変更・切除等）されずにその同一性を保持することができる。

　改変を加えられた著作物の存在により、著作者の名誉等の人格的利益が失われることを防止するためである。

　同一性保持権を侵害する改変とは、「他人の著作物における表現形式上の本質的な特徴を維持しつつその外面的な表現形式に改変を加える行為」をいう。そして、その改変が、元の著作物の本質的な特徴を直接感得させない程度に達している場合には、本質的な特徴が失われているとされる。

　また、著作物の存在そのものを滅失させる行為（絵画の原作品等を焼却、破壊すること等）は、同一性保持権の侵害には該当しない。

> 理由：同一性保持権とは、改変された作品が自己のものと認識されることを防止するために意に反する改変を禁止する権利であり、原作品がこの世から消滅したとしても、著作者と著作物との紐帯には変化がない。原作品という有体物の破棄は、有体物の所有権の問題であり、著作者人格権の侵害と混同すべきではない（『著作権法概説』p405）。

### （2）同一性保持権の例外規定（著20条2項）

#### ① 学校教育の目的上やむを得ない改変（著20条2項1号）

　教科書や学校教育番組に著作物を利用する際には、たとえば低学年用に簡単な表記に直す、旧漢字を新漢字に直す、文法上の誤りを直す、不適切な差別用語を直す等

---

**補足説明**
意に反していなければ、著作者の名誉等を害するような著作物の改変が行われているか否かは、同一性保持権の侵害の成否には問題とならない。

**補足説明**
例：スペースの都合で著作物の一部分を勝手にカットする場合は、同一性保持権を侵害する（『実務者のための著作権ハンドブック』p28）

の教育上の配慮がなされることもある。そのような行為については、著作権法 20 条 2 項 1 号の規定により、同一性保持権の規定は適用されない（『著作権法概説』p398、399）。

### ②　建築物の増築等（著 20 条 2 項 2 号）

　建築物は元来実用的なものであり、そこで生活をしたり仕事をしたりするに際して改変できないようでは、建築物本来の機能を果たすことができない。そこで、著作権法 20 条 2 項 2 号の規定により、建築物の所有者と著作者との間の調整をするために、建築物の増築等を行う行為については、同一性保持権の規定が適用されない。

　なお、著作権法 20 条 2 項 2 号は、実用目的の増改築等に関する例外的な取扱いであり、美的観点や趣味による増改築等は同一性保持権侵害になると解されている（『著作権法概説』p399）。

### ③　プログラムの著作物（著 20 条 2 項 3 号）

　プログラムの著作物は、著作権法 47 条の 3 第 1 項により、一定の場合には許諾を得ないで複製・翻訳することができるが、この規定は著作者人格権に影響を与えないとされている（著 50 条）。そのため、著作権法 47 条の 3 第 1 項で認められている翻案を行うと、形式的には同一性保持権侵害となるおそれがある。

　そこで、特定のコンピュータで実行し得るようにするため、あるいはコンピュータでより効果的に実行し得るようにするために必要な改変、たとえばリプレースやバージョンアップのための改変には同一性保持権は及ばないとされた（『著作権法概説』p400、401）。

### ④ やむを得ない改変（著20条2項4号）

「著作者の意に反する改変」で、著作権法20条2項1号～3号までの例外規定には該当しないものはすべて同一性保持権侵害とすると、著作物利用の実情を無視した不当な結果となることもある。そのため著作物の性質並びにその利用の目的及び態様に照らしやむを得ない改変は同一性保持権侵害にならないとされた（『著作権法概説』p401）。

**補足説明**
明らかな誤植の訂正、技術上の理由による原作品と印刷物との差異、演奏歌唱の技術による不正確な演奏、試験問題作成のための改変、映画のテレビ放送のための改変等は、同一性保持権侵害に該当しない例といえよう（『著作権法概説』p401、402）。

## 4 その他

### 名誉・声望を害する方法での利用（著113条11項）

公表権、氏名表示権及び同一性保持権の侵害行為以外でも、名誉・声望を害する方法により他人の著作物を利用すれば著作者人格権の侵害とみなされる。

---

**事例解答**

同一性保持権（著20条1項）の適用除外には、特定の電子計算機においては利用し得ないプログラムの著作物を当該電子計算機において実行し得るようにするため、又はプログラムの著作物を電子計算機においてより効果的に実行し得るようにするために必要な改変が含まれる（著20条2項3号）。したがって、コンピュータ・プログラムの欠陥を勝手に修正しても、同一性保持権の侵害になることはない。

# memo

## 第 5 節
# 著作財産権

重要度 ★★★

### 事例問題

美術の著作物を複製したポスターを駅の待合室に掲示する際には、展示権を有する著作権者の許諾を得る必要があるのだろうか？　　⇒解答は247頁

### 学習到達目標

①著作財産権の内容を理解
②著作財産権はその種類が非常に多いため、各権利内容を正確に理解

### ★　目標到達までのチェックポイント

☑著作財産権の内容を理解したか。

### ▼　他の項目との関連性

**第6節 著作権（財産権）が制限される場合**

著作権者の権利については非常に多くの制限規定が存在している。よって、「第6節 著作権（財産権）が制限される場合」との関連性が非常に高い。必ず併せて見ておきたい。

## 1 財産権としての著作権

著作権法では、著作物の利用形態に応じ、著作権の内容をいくつかの種類に分けて規定している。

著作権（財産権）には、各種の権利が含まれる。著作権は、支分権の集合体であり、「権利の束」と呼ばれることがある（『実務者のための著作権ハンドブック』p29、30）。

各種の権利を、①「コピーを作ることに関する権利」、②「コピーを使わずに公衆に伝えること（提示）に関する6つの権利」、③「コピーを使って公衆に伝えること（提供）に関する3つの権利」、及び、④「二次的著作物の創作・利用に関する権利」の4つに分類することができる。

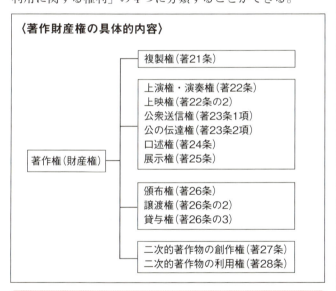
〈著作財産権の具体的内容〉

## 2 コピーを作ることに関する権利

**複製権（無断で複製されない権利）**

著作者は、その著作物を複製する権利を専有する（著21条）。この複製権は、すべての著作物を対象とする最も基本的な権利である。

複製とは、印刷、写真、複写、録音、録画その他の方法

---

**定義**
「録音」
　音を物に固定し、又はその固定物を増製することをいう（著2条1項13号）。

**定義**
「録画」
　影像を連続して物に固定し、又はその固定物を増製することをいう（著2条1項14号）。

**定義**
「上演」
　演奏（歌唱を含む）以外の方法により著作物を演ずることをいう（著2条1項16号）。

**定義**
「放送」
　公衆送信のうち、公衆によって同一の内容の送信が同時に受信されることを目的として行う無線通信の送信をいう（著2条1項8号）。

**定義**
「有線放送」
　公衆送信のうち、公衆によって同一の内容の送信が同時に受信されることを目的として行う有線電気通信の送信をいう（著2条1項9号の2）。

**補足説明**
　「公に」とは、「公衆に直接見せ又は聞かせることを目的として」の略語としての文言である。
　なお、「公衆」には、特定かつ多数の者を含むものとする（著2条5項）。「特定」というのは、行為者との間に個人的な結合関係があるものを指し、「多数」とは、何人からかというのは不確定概念である（『著作権法逐条講義』p70）。

により有形的に再製することをいう（著2条1項15号）。

　脚本その他これに類する演劇用の著作物については、複製という用語には、当該著作物の上演、放送又は有線放送を録音し、又は録画することが含まれる（同号イ）。また、建築の著作物については、複製という用語には、建築に関する図面に従って建築物を完成することが含まれる（同号ロ）。

　なお、著作者は、複製権の1つである出版権を有する（著21条、著2条1項15号）。

---

**3　コピーを使わずに公衆に伝えること（提示）に関する6つの権利**

　有形的利用である複製権（著21条）は、プライベート・ユースのための複製であっても一応権利の及ぶべき範囲に含まれ、著作権法22条～25条の無形的利用権では「公に」の概念のもとに公衆を対象とする行為でなければ働かない。

| | 条文における対象物 |
|---|---|
| 上演権・演奏権（著22条） | 著作物 |
| 上映権（著22条の2） | 著作物 |
| 公衆送信権（著23条1項） | 著作物 |
| 公の伝達権（著23条2項） | 公衆送信される著作物 |
| 口述権（著24条） | 言語の著作物 |
| 展示権（著25条） | 美術の著作物と未発行の写真の著作物 |

**(1) 上演権・演奏権（無断で公衆に上演・演奏されない権利）**

　著作者は、その著作物を公に（公衆に直接見せ又は聞かせることを目的として）上演し、又は演奏する権利を専有する（著22条）。

　上演とは演奏（歌唱を含む。以下同じ）以外の方法により著作物を演ずることをいう（著2条1項16号）。

　ここで、「上演」、「演奏」又は「口述」には、著作物の上演、演奏又は口述で録音され、又は録画されたものを再

236

生すること（公衆送信又は上映に該当するものを除く）及び著作物の上演、演奏又は口述を電気通信設備を用いて伝達すること（公衆送信に該当するものを除く）を含むものとする（著2条7項）。

### (2) 上映権（無断で公衆に上映されない権利）

著作者は、その著作物を公に（公衆に直接見せ又は聞かせることを目的として）上映する権利を専有する（著22条の2）。

> 上映：著作物（公衆送信されるものを除く）を映写幕その他の物に映写することをいい、これに伴って映画の著作物において固定されている音を再生することを含むものとする（著2条1項17号）。

有線又は無線の方法によるか否かを問わず、「著作物をスクリーンやディスプレイ画面等に映し出すことにより公衆に対して視覚的又は視聴覚的に提示する行為」そのものに着目して、すべての著作物に上映権が認められている。ただし、公衆送信される場合の公衆への伝達については、すべての著作物に公の伝達権が働き、それ以外の場合には、音楽や言語の著作物等音で伝達される著作物については演奏権又は口述権、演劇・舞踊の著作物等については上演権がそれぞれ働く。このため、実態として上映権の対象となるのは、美術の著作物、写真の著作物、言語の著作物、図形の著作物等に限られることになる（『著作権法逐条講義』p190）。

### (3) 公衆送信権（無断で公衆に送信されない権利）

著作者は、その著作物について、公衆送信（自動公衆送信の場合にあっては、送信可能化を含む）を行う権利を専有する（著23条1項）。

ここにいう「公衆送信」には、テレビ放送やCATVのように公衆に対して同一の情報を一斉に送信するものと、ファックスサービスやインターネットのホームページのよ

---

第5節　著作財産権

**定義**
「公衆送信」
　公衆によって直接受信されることを目的として無線通信又は有線電気通信の送信を行うことをいう（著2条1項7号の2）。
　なお、著作権法2条1項7号の2にいう「送信」には、電気通信設備で、その1の部分の設置の場所が他の部分の設置の場所と同一の構内（その構内が2以上の者の占有に属している場合には、同一の者の占有に属する区域内）にあるものによる送信（プログラムの著作物の送信を除く）を含まない（同かっこ書）。

**補足説明**
「放送」の定義は、著作権法2条1項8号に規定されている。また、「有線放送」の定義は、著作権法2条1項9号の2に規定されている。

**定義**
「自動公衆送信」
公衆送信（著2条1項7号の2）のうち、公衆からの求めに応じ自動的に行うもの（放送又は有線放送に該当するものを除く）をいう（著2条1項9号の4）。

**定義**
「送信可能化」
所定の行為により、自動公衆送信し得るようにすることをいう（著2条1項9号の5）。すなわち、送信可能化とは、「サーバー」や「ホストコンピュータ」のような送信用コンピュータに記録されていたり入力されていたりしている情報を、ネットワークを通じて「インタラクティブ送信」できるようにするための行為を行うこと、すなわちネットワークへのアップロード行為や入力行為のことをいう（『著作権法逐条講義』p39）。

うに公衆のアクセスに応じて個別に送信するものの両方が含まれ、また、有線による送信と無線による送信の両方が含まれる（『著作権法逐条講義』p29、30）。

具体的には、次の3つの場合が含まれる。

①　テレビ、ラジオなどの「放送」や「有線放送」

②　インターネットなどを通じた「自動公衆送信」

③　電話などでの申込みを受けてその都度手動で送信すること

自動公衆送信の場合にあっては、送信可能化を公衆送信に含めている（同項かっこ書）。このため、著作者は、送達前の自動公衆送信装置（例：サーバーやホストコンピュータ）に自分の著作物がアップロードされた（公衆送信し得る状態に置かれた）段階、たとえばホームページに自分の著作物が掲載されていることが分かりさえすれば、当該著作物が現実に公衆送信されているかいないかにかかわらず、権利行使することができる。

更に、放送番組のインターネット同時配信等は、高品質なコンテンツの視聴機会を拡大させるものであり、視聴者の利便性向上やコンテンツ産業の振興等の観点から非常に重要である。

したがって、放送番組には、多様かつ大量の著作物等が利用されており、インターネット同時配信等を推進するに当たっては、これまで以上に迅速・円滑な権利処理を可能とする必要性がある。

そこで、令和3年法改正により、視聴者から見た利便性を第一としつつ、「一元的な権利処理の推進」と「権利保護・権利者への適切な対価の還元」のバランスを図り、視聴者・放送事業者・クリエイターの全てにとって利益となるような措置を講ずることとなった。

ここで、自動公衆送信のうち、制度改正の対象となるサービスを「放送同時配信等」と名付け、配信の期間（原則、放送等から1週間以内）、番組内容の不変更、ダウンロー

ド防止などを著2条第1項第9号の7において規定した。

また、著2条第1項第9号の7の「放送同時配信等」と差別化するため、著2条第1項第9号の6において「特定入力型自動公衆送信」の定義を規定し、更に著2条第1項第9号の8において「放送同時配信等事業者」を規定した。

### (4) 公の伝達権（無断で受信機による公の伝達をされない権利）

著作者は、公衆送信されるその著作物を受信装置を用いて公に（公衆に直接見せ又は聞かせることを目的として）伝達する権利を専有する（著23条2項）。

すなわち、公の伝達権というのは、公衆送信によって送信されてきた番組等の流れ行く先をコントロールする権利である。典型的には、放送されている番組をそのままスピーカーを通じてお客に聴かせるというように、放送された著作物を受信装置を用いて公衆に視聴させる権利である。

### (5) 口述権（無断で公に口述されない権利）

著作者は、その言語の著作物を公に（公衆に直接見せ又は聞かせることを目的として）口述する権利を専有する（著24条）。

### (6) 展示権（無断で公衆に展示されない権利）

著作者は、「その美術の著作物」又は「まだ発行されていない写真の著作物」を、これらの原作品により公に（公衆に直接見せ又は聞かせることを目的として）展示する権利を専有する（著25条）。

ここにいう「原作品」とは、美術の著作物にあっては画家が描いた絵そのものを指し、写真の著作物にあっては、ネガではなくて印画紙にプリントされたものを指す。

**美術の著作物については未発行のものに限らず、写真の著作物では未発行に限っている。**写真の場合にはどれが原

**定義**
「口述」
朗読その他の方法により、著作物を口頭で伝達すること（実演に該当するものを除く）をいう（著2条1項18号）。

第5節 著作財産権

作品であり、どれがコピーであるかという区別がはなはだしく困難だからである。

なお、通常、絵画が売買されても、売主から買主へ移転するのは、物としての絵画の「所有権」だけである。著作権については、著作権を譲渡する旨の契約が行われていなければ、著作権者が引き続き持つ（著作権テキストp16）。

### 4　コピーを使って公衆に伝えること（提供）に関する3つの権利

| | 映画の著作物 | 映画の著作物以外の著作物 |
|---|---|---|
| 頒布権（著26条） | ○ | × |
| 譲渡権（著26条の2） | × | ○ |
| 貸与権（著26条の3） | × | ○ |

**定義**
「頒布」
　有償であるか又は無償であるかを問わず、複製物を公衆に「譲渡」し、又は「貸与」することをいう。そして、映画の著作物又は映画の著作物において複製されている著作物にあっては、これらの著作物を公衆に提示することを目的として当該映画の著作物の複製物を「譲渡」し、又は「貸与」することを含むものとする（著2条1項19号）。

#### (1) 頒布権（無断で公衆に頒布されない権利）

著作者は、その映画の著作物をその複製物により頒布（配給）する権利を専有する（著26条1項）。

#### (2) 譲渡権（無断で公衆に譲渡されない権利）

著作者は、その著作物（映画の著作物を除く）をその原作品又は複製物（映画の著作物において複製されている著作物にあっては、当該映画の著作物の複製物を除く）の譲渡により公衆に提供する権利を専有する（著26条の2第1項）。

譲渡権の内容は、著作物を複製物等の譲渡というかたちにより公衆へ提供することであり、公衆以外の特定少数者への譲渡については、権利の対象とはならない。

譲渡権は、適法な譲渡により消尽する（同条2項）。

**補足説明**
　この貸与権は、著作物の複製物を貸与する行為を対象としている。このため、原作そのものを貸与する行為には、貸与権が及ばない。

#### (3) 貸与権（無断で公衆に貸与されない権利）

著作者は、その著作物（映画の著作物を除く）をその複製物（映画の著作物において複製されている著作物にあっ

第7章　著作権法

ては、当該映画の著作物の複製物を除く）の貸与により公衆に提供する権利を専有する（著26条の3）。貸レコード業をはじめとする著作物の複製物のレンタル業の発達に対応するために、設けられた規定である。

ここにいう「貸与」には、いずれの名義又は方法をもってするかを問わず、これと同様の使用の権原を取得させる行為を含むものとする（著2条8項）。

|  | 原作品 | 複製物 |
|---|---|---|
| 頒布権（著26条） | × | ◯ |
| 譲渡権（著26条の2） | ◯ | ◯ |
| 貸与権（著26条の3） | × | ◯ |

## 5　二次的著作物の創作・利用に関する権利

### (1) 二次的著作物の創作権（無断で二次的著作物を創作されない権利）

著作者は、その著作物を翻訳し、編曲し、若しくは変形し、又は脚色し、映画化し、その他翻案する権利を専有する（著27条）。

この権利は、著作物の直接的利用に関する権利（著21条～26条の3）とは趣を異にし、二次的著作物を創作するための原著作物の転用ともいうべき行為に関する権利である（『著作権法逐条講義』p213）。

### (2) 二次的著作物の利用権（無断で二次的著作物を利用されない権利）

二次的著作物の原著作物の著作者は、当該二次的著作物の利用に関し、この款に規定する権利で当該二次的著作物の著作者が有するものと同一の種類の権利を専有する（著28条）。

第5節　著作財産権

**定義**
「二次的著作物」
　著作物を翻訳し、編曲し、若しくは変形し、又は脚色し、映画化し、その他翻案することにより創作した著作物をいう（著2条1項11号）。

**補足説明**
例：翻訳物に関する原作者の権利

241

### (3) 原著作物についての権利との関係

　二次的著作物に対する著作権法による保護は、その原著作物の著作者の権利に影響を及ぼさない（著11条）。すなわち、二次的著作物は、原著作物とは別個の保護を受ける。

### 6　出版権（著作権法第3章）

#### (1) 出版権の設定

　複製権を有する者（複製権者）は、その著作物を文章若しくは図画として出版すること又は電子計算機を用いてその映像面に文書若しくは図画として表示されるようにする方式により記録媒体に記録された当該著作物の複製物を用いて公衆送信を行うことを引き受ける者に対し、出版権を設定することができる（著79条1項）。複製権又は公衆送信権を目的とする質権が設定されているときは、その質権を有する者の承諾を得た場合に限り、出版権を設定することができる（同条2項）。

#### (2) 修正・増減権（著82条）

　出版権を設定した後も、著作者の信念を保護するために、著作者には修正増減権が定められている。具体的には、出版権者が改めて複製しようとする場合には、正当な範囲内において修正・増減を加えることができる（著82条1項）。著作者に修正・増減の機会を与えるため、著81条1項1号に係る出版権者は改めて複製をする場合には、その都度、あらかじめ著作者に通知する義務を負う（同条2項）。

#### (3) 出版権消滅請求権（著84条3項）

　複製権等保有者である著作者は、その著作物の内容が自己の確信に適合しなくなったときは、出版権者に通知してその出版権を消滅させることができる。たとえば、戦争礼賛の小説を出版したが、後に反戦主義者となった場合のよ

うに、自己の確信に適合しなくなった出版を継続させられることは、著作者の人格を傷つけることになるので、絶版請求権が認められている。

## 7 著作者の権利の侵害

### (1) 著作者の権利が侵害された場合

著作者の権利の侵害となるためには、著作物が依拠していることが必要である。別個独立してたまたま類似の著作物が創作されたような場合には、これを利用しても著作権侵害にはならない。

ここで、著作物の複製とは、既存の著作物に依拠し、その内容及び形式を覚知させるに足りるものを再製することをいうと解すべきである。既存の著作物に接する機会がなく、したがって、その存在や内容を知らなかった者は、これを知らなかったことにつき過失があると否とにかかわらず、既存の著作物と同一性のある作品の作成によっては著作権侵害の責任を負わない（最判昭和53年9月7日）。

### (2) 侵害とみなす行為（著作権テキストp78、79）

直接的には著作権の侵害には該当しないが、実質的には著作権の侵害と同等のものであるので、法律によって「侵害とみなす」こととしている。

① 外国で作成された海賊版（権利者の了解を得ないで作成されたコピー）を国内において頒布する目的で「輸入」すること（著113条1項1号）。

② 海賊版を、海賊版と知りながら、
　　・「頒布」すること
　　・頒布する目的で「所持」すること
　　・頒布をする旨の「申出」をすること
　　・業として「輸出」すること
　　・業として輸出する目的で「所持」すること
　　（著113条1項2号）。

**補足説明**
著作権法には、間接侵害が規定されている（著113条）。
また、著作権法には、侵害が成立しない場合が規定されている（著113条の2）。

第5節　著作財産権

243

③　違法にアップロードされた著作物（侵害コンテンツ）へのリンク情報を集約した「リーチサイト」や「リーチアプリ」によって、海賊版被害が深刻化していることから、①リーチサイト・リーチアプリにおいて侵害コンテンツへのリンクを提供する行為、②リーチサイト運営行為・リーチアプリ提供行為（著113条2項1号・2号）（著作権法及びプログラムの著作物に係る登録の特例に関する法律の一部を改正する法律案　説明資料 p4 〜 7）。

【リーチサイト・リーチアプリの定義】

・公衆を侵害コンテンツに殊更に誘導するものであると認められるウェブサイト・アプリ（同項1号イ・2号イ）

・主として公衆による侵害コンテンツの利用のために用いられるものであると認められるウェブサイト・アプリ（同項1号ロ・2号ロ）

【リーチサイト・リーチアプリのイメージ】

（ⅰ）著113条2項1号イ

サイト運営者が、侵害コンテンツへの誘導のために、デザインや表示内容等を作り込んでいるような場合

（ⅱ）著113条2項1号ロ

掲示板などの投稿型サイトで、ユーザーが違法リンクを多数掲載し、結果として侵害コンテンツの利用を助長しているような場合

【ウェブサイト等の一般的な定義】

ドメイン名（例：www.bunka.go.jp）が共通するウェブページのまとまり（集合物）（著113条4項）（著作権法及びプログラムの著作物に係る登録の特例に関する法律の一部を改正する法律案　説明資料 p11）。

④　リーチサイト運営者・リーチアプリ提供者がリンク

先のコンテンツが侵害コンテンツであることについて故意・過失がある場合、リンクを削除することができるにも関わらず、削除せず放置する行為（著113条3項）（著作権法及びプログラムの著作物に係る登録の特例に関する法律の一部を改正する法律案 説明資料 p9）。

⑤ 海賊版のコンピュータ・プログラムを会社のパソコンなどで「業務上使用」すること（使用する権原を得たときに海賊版と知っていた場合に限られる）（著113条5項）。

⑥ 著作物等の利用を管理する効果的な技術的手段（いわゆる「アクセスコントロール」）等を権原無く回避する行為について、著作権者等の利益を不当に害しない場合を除き、著作権等を侵害する行為（著113条6項）。

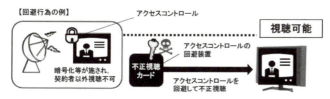

（文化庁ＨＰ：環太平洋パートナーシップ協定の締結及び環太平洋パートナーシップに関する包括的及び先進的な協定の締結に伴う関係法律の整備に関する法律による著作権法改正の概要）

⑦ ライセンス認証などを回避するための不正なシリアルコードの提供等（著113条7項）（著作権法及びプログラムの著作物に係る登録の特例に関する法律の一部を改正する法律案 説明資料 p37）。

⑧ 著作物等に付された「権利管理情報」（「電子透かし」などにより著作物等に付されている著作物等、権利者、著作物等の利用条件などの情報）を故意に、付加、削

除、改変すること。

また、権利管理情報が不正に付加等されているものを、そのことを知りながら、頒布等すること（著113条8項）。

⑨　国内で市販されているものと同一の国外頒布目的CDなどを、輸入してはいけないことを知りつつ、国内で頒布するために「輸入」し、国内において「頒布」し、又は頒布するために「所持」すること（国内販売後7年を超えない範囲内で政令で定める期間を経過する前に輸入等されたものであることなどの要件を満たす場合に限られる）（著113条10項）。

⑩　著作者の「名誉・声望を害する方法」で、著作物を利用すること（著113条11項）。

### (3) 「民事」の対抗措置

①　差止請求（著112条）

②　不法行為による損害賠償請求（民709条）

民法に対する各種の特別規定が設けられている。具体的には、損害の額の推定等（著114条）、具体的態様の明示義務（著114条の2）、書類の提出等（著114条の3）、鑑定人に対する当事者の説明義務（著114条の4）、相当な損害額の認定（著114条の5）、秘密保持命令（著114条の6、114条の7、114条の8）について規定されている。

③　不当利得返還請求（民703条、704条）

④　名誉回復等の措置の請求（著115条、116条）

### (4) 刑事罰

著作権、出版権、著作隣接権の侵害をした者は、10年以下の懲役又は1,000万円以下の罰金に処し、又はこれを併科する（著119条1項）。また、著作者人格権等の侵害をした者は、5年以下の懲役又は500万円以下の罰金に処し、

**法律用語**
「親告罪」
公訴の提起に告訴、告発又は請求のあることを必要条件とする犯罪をいう。告訴は、犯人を知った日から6月以内にこれをしなければならない。親告罪についても告訴等のある前に捜査をすることは許される。

246

又はこれを併科する（同条2項各号）。これらの罪は親告罪である（著123条1項）。また、両罰規定の適用があり得る（著124条1項1号・2号）。

**事例解答**

著作者は、その美術の著作物又はまだ発行されていない写真の著作物を、これらの「原作品により」公に展示する権利を専有する（著25条）。本枝の場合は、「複製物（ポスター）により」公に展示する行為であり、展示権者の許諾を得る必要はない。

## 第 6 節

# 著作権（財産権）が制限される場合　重要度 ★★★

### 事例問題

教員は、大学の授業に関連するものであれば常に、他人の著作物を複製して、その複製物を学生に頒布することができるのだろうか？　⇒解答は261頁

### 学習到達目標

①著作財産権が制限される場合を理解
②著作財産権の内容と併せて制限を把握

### ★　目標到達までのチェックポイント

☑著作財産権が制限される場合を理解したか。
☑制限される場合の要件をきちんと理解したか。

### ▼　他の項目との関連性

**第5節 著作財産権**

「第5節 著作財産権」との関連性が非常に高い。必ず参照されたい。

第7章 著作権法

## 1 私的使用関係

私的使用のための複製等、著作権が制限される場合がある（著30条～49条）。

### (1) 私的使用のための複製（著30条1項）

私的使用を目的とする著作物の複製は、一定の場合を除き自由に行い得る（著30条1項）。

個人的に又は家庭内その他これに準ずる限られた範囲内（閉鎖的範囲内）において使用する場合には（プライベート・ユース）、著作権者は権利行使できない。この場合、著作物の種類は限定されず、未発行の著作物や未公表の著作物であっても本規定による利用が可能である。

なお、私的使用の目的で行う複製のうち、著作権を侵害する自動公衆送信を受信して行うデジタル方式の録音又は録画を、その事実を知りながら行うものは、複製権が及ぶ（著30条1項3号）。

技術的保護手段の範囲には、著作物等の利用に用いられる機器が特定の変換を必要とするよう著作物、実演、レコード又は放送若しくは有線放送に係る音若しくは影像を変換して記録媒体に記録し、又は送信する方式が含まれるとともに、技術的保護手段の回避に係る罰則規定等が整備されている（著30条1項2号、著120条の2第1号等）。

違法にアップロードされた著作物（漫画・書籍・論文・コンピュータプログラムなど）を、違法にアップロードされたものだと知りながらダウンロードすることを、私的使用であっても一定の要件の下で違法とする。

ただし、国民の情報収集等を過度に萎縮させないよう、①漫画の1コマ～数コマなど「軽微なもの」や、②二次創作・パロディ、③「著作権者の利益を不当に害しないと認められる特別な事情がある場合」のダウンロードは規制対象外とする（（著30条1項4号、2項）（著作権法及びプログ

**補足説明**
著作権（財産権）が制限される場合は、特許法における特許権の効力が制限される場合と対比することができる。

第6節 著作権（財産権）が制限される場合

249

ラムの著作物に係る登録の特例に関する法律の一部を改正する法律案 説明資料 p13 ～ 21)。

**(2) 私的録音録画補償金（著 30 条 3 項、第 5 章）**

　デジタル方式の録音録画の場合には、相当な額の補償金の支払いを要する（著 30 条 3 項）。

## 2　教育関係

**(1) 教科用図書等への掲載（著 33 条）**

　学校教育の目的上必要と認められる限度で、公表された著作物を教科用図書等に掲載することができる（著 33 条 1 項・4 項）。そのような掲載を行う者には、著作者への通知及び文化庁長官が定める補償金の支払いの義務がある（同条 2 項・3 項）。

**(2) 教科用図書代替教材への掲載等（著 33 条の 2）**

　学校教育の目的上必要と認められる限度において、教科用図書代替教材（いわゆる「デジタル教科書」）に掲載し、及び教科用図書代替教材の当該使用に伴つていずれの方法によるかを問わず利用することができる（著 33 条の 2 第 1 項）。そのような掲載を行おうとする者には、あらかじめ発行者へ通知する義務があり、また、所定の場合には、文化庁長官が定める補償金の支払いの義務がある（同条 2 項・3 項）。

**(3) 教科用拡大図書等の作成のための複製（著 33 条の 3）**

　視覚障害、発達障害その他の障害により教科用図書に掲載された著作物を使用することが困難な児童又は生徒の学習の用に供するために、教科用図書に用いられている文字、図形等を拡大して複製できる（著 33 条の 3 第 1 項）。そのような掲載を行おうとする者には、あらかじめ発行者へ通

知する義務があり、また、営利目的で頒布する場合には、文化庁長官が定める補償金の支払いの義務がある（同条2項・3項）。

### (4) 学校教育番組の放送等（著34条）

学校教育の目的上必要と認められる限度で、公表された著作物を学校向けの放送番組又は有線放送番組等で放送し有線放送し、地域限定特定入力型自動公衆送信を行い、又は放送同時配信等、また番組用の教材に掲載することができる（著34条1項）。そのような掲載を行う者には、著作者への通知及び相当な額の補償金の支払いの義務がある（同条2項）。

### (5) 学校その他の教育機関での複製（著35条）

営利を目的としない学校等の教育機関において、授業を担当する者（先生）や授業を受ける者（児童生徒等）は、授業の過程で利用するために、複製し、若しくは公衆送信（自動公衆送信の場合にあっては、送信可能化を含む。）を行い、又は公表された著作物であって公衆送信されるものを受信装置を用いて公に伝達することができる。（著35条1項本文）。

ただし、著作権者の利益を不当に害する場合には複製等できない（同項ただし書）。

### (6) 試験問題としての複製等（著36条）

公表された著作物を、入学試験や入社試験、技能検定等の問題として複製することができ、また、インターネット等を利用して試験を行う際に公衆送信することができる（著36条1項本文）。

ただし、著作権者の利益を不当に害する場合には複製又は、公衆送信できない（同項ただし書）。営利を目的として、そのような複製又は公衆送信を行う者には、通常の使用料の

**定義**
「地域限定特定入力型自動公衆送信」
特定入力型自動公衆送信のうち、専ら当該放送に係る放送対象地域において受信されることを目的として行われるものをいう（著34条1項かっこ書）。

**補足説明**
令和3年法改正により、学校教育番組の放送等において、「放送」などを対象とした権利制限規定に、「放送同時配信等」を追加した。

第6節　著作権（財産権）が制限される場合

額に相当する額の補償金の支払いの義務がある（同条2項）。

## 3 図書館関係

### (1) 図書館等における複製（著31条）

国立国会図書館及び政令で定める図書館等は、所定の場合には、著作権者の許諾なく、非営利事業として図書館資料を用いて著作物を複製することができる（著31条1項柱書）。

ここにいう所定の場合とは、利用者の調査研究目的の場合（同項1号）、図書館資料の保存目的の場合（同項2号）又は他の図書館等の求めに応じ、絶版等で一般に入手困難な図書館資料の複製物を提供する場合（同項3号）である。

また、令和3年法改正により、国立国会図書館が、絶版等資料（3月以内に復刻等の予定があるものを除く）のデータを、事前登録した利用者（ID・パスワードで管理）に対して、直接送信できるようになり、利用者側では、自分で利用するために必要な複製（プリントアウト）や、非営利・無料等の要件の下での公の伝達（ディスプレイなどを用いて公衆に見せること）が可能となった（同条4項〜7項等）。

更に、一般に入手可能な資料（図書館資料）を補償金の支払いを前提に、一定の図書館等で著作物の一部分のメールの送信等が可能となった（同条1項〜5項等）。

### (2) 公文書管理法等による保存のための利用（著42条の3）

国立公文書館等の長又は地方公文書館等の長は、公文書等の管理に関する法律の規定又は公文書管理条例の規定により歴史公文書等を保存することを目的とする場合には、必要と認められる限度において、当該歴史公文書等に係る著作物を複製することができる（著42条の3第1項）。

また、国立公文書館等の長又は地方公文書館等の長は、公文書等の管理に関する法律の規定又は公文書管理条例の

第7章　著作権法

規定により著作物を公衆に提供し、又は提示することを目的とする場合には、必要と認められる限度において、当該著作物を利用することができる（著42条の3第2項）。

## 4 福祉関係

### (1) 点字による複製等（著37条）

公表された著作物を、点字により複製することができる（著37条1項）。また、公表された著作物について、点字データとしてコンピュータに記録し、公衆送信をすることができる（同条2項）。

また、視覚障害者等の福祉に関する事業を行う者で政令で定めるものは、視覚によりその表現が認識される方式により公衆への提供等がされている著作物について、専ら視覚障害者等の用に供するために必要と認められる限度において、文字を音声にすることその他当該視覚障害者等が利用するために必要な方式により、複製し、又は公衆送信することができる（同条3項）。

> **定義**
> 「視覚障害者等」とは、視覚障害者その他視覚による表現の認識に障害のある者をいう。

### (2) 聴覚障害者のための自動公衆送信（著37条の2）

聴覚障害者等の福祉に関する事業を行う者で政令で定めるものは、聴覚によりその表現が認識される方式により公衆への提供等がされている著作物について、専ら聴覚障害者等の用に供するために必要と認められる限度において、音声を文字にすることその他当該聴覚障害者等が利用するために必要な方式により、当該著作物の音声の複製若しくは自動公衆送信をし、又は専ら聴覚障害者等向けの貸出しの用に供するために、その音声の複製と併せて複製することができる（著37条の2）。

> **定義**
> 「聴覚障害者等」とは、聴覚障害者その他聴覚による表現の認識に障害のある者をいう。

### (3) 例外

なお、著作権法37条及び37条の2の規定はともに、著

第6節　著作権（財産権）が制限される場合

253

作権者又はその許諾を受けた者等により、著作物について、障害者が利用するために必要な方式による公衆への提供等がされている場合は、適用されない（著37条3項ただし書、著37条の2ただし書）。

## 5 報道関係等

### (1) 政治上の演説等の利用（著40条）

公開して行われた政治上の演説又は陳述及び裁判手続における公開の陳述は、同じ人の行った演説等を編集して利用する場合を除き、その利用方法にかかわらず、自由に利用することができる（著40条1項）。

また、公共機関における公開の演説又は陳述についても、報道目的のために、新聞紙若しくは雑誌に掲載し、又は放送し、有線放送し、地域限定特定入力型自動公衆送信を行い、若しくは放送同時配信等を行うことができ（同条2項）、更に放送され、有線放送され、地域限定特定入力型自動公衆送信が行われ、又は放送同時配信等が行われる演説又は陳述は、受信装置を用いて公に伝達することを認めた（同条3項）。

### (2) 時事の事件の報道のための利用（著41条）

写真や映画、放送等によって時事の事件を報道する場合には、その事件を構成する著作物又は事件の過程で見られ聞かれる著作物を、報道の目的上正当な範囲内で、著作権者の許諾なく、複製し、事件の報道に伴って利用することができる（著41条）。

### (3) 情報公開法等による開示のための利用（著42条の2）

行政機関の長又は地方公共団体の機関等は、情報公開法又は情報公開条例等の規定により著作物を公衆に提供・提示することを目的とする場合には、必要と認められる限度

補足説明
　令和3年法改正により、国会等での演説等の利用において、「放送」では権利者の許諾なく著作物等を利用できることを定める権利制限規定について、「同時配信等」にも適用できるよう拡充した（著作権法の一部を改正する法律説明資料（令和3年）p19）。

において、著作物を利用することができる（著42条の2）。

## 6 立法・司法・行政関係

### (1) 検討の過程における利用（著30条の3）

　著作権者の許諾を得て、又は裁定を受けて著作物を利用しようとする者は、これらの利用についての検討の過程における利用に供することを目的とする場合には、その必要と認められる限度において、いずれかの方法を問わず当該著作物を利用することができる（著30条の3）。

### (2) 裁判手続等における複製（著42条）

　著作物を、裁判手続のために必要と認められる場合や、立法、行政の目的のために内部資料として必要な場合には、その必要と認められる限度内で、著作権者の許諾なく複製することができる（著42条1項本文）。

　ただし、著作権者の利益を不当に害する場合には複製できない（同項ただし書）。

## 7 非営利無料の上映等関係

### 営利を目的としない上演等（著38条）

① 「非営利・無料」の場合の「上演」「演奏」「上映」「口述」（著38条1項）

　非営利かつ無料の場合には、公表された著作物を、著作権者の許諾なく、公に上演、演奏、上映、口述することができる（著38条1項本文）。ただし、出演者に報酬が支払われる場合は、除かれる（同項ただし書）。

② 「非営利・無料」の場合の「放送番組の有線放送等」（著38条2項）

　非営利かつ無料の場合には、放送される著作物を、有線放送し、又は地域限定特定入力型自動公衆送信を行う

ことができる（著38条2項）。

③ 「非営利・無料」の場合の「放送番組等の伝達」（著38条3項）

非営利かつ無料の場合には、放送され、有線放送され、特定入力型自動公衆送信が行われ、又は放送同時配信等が行われる著作物を、受信装置を用いて公に伝達することができる（同条3項1文）。また、通常の家庭用受信装置を用いてする場合には、非営利でなくても無料でなくても、放送され又は有線放送される著作物を、その受信装置を用いて公に伝達することができる（同項2文）。

ただし、「放送同時配信等」については、多種多様な形態での公の伝達（放送・配信される著作物等をディスプレイなどで視聴させること）を認める規定であり、特に権利者に与える影響が大きいと考えられることから、「同時配信」及び「追っかけ配信」を対象としている（「見逃し配信」は対象外）。

④ 「非営利・無料」の場合の「本などの貸与」（著38条4項）

非営利かつ無料の場合には、映画の著作物以外の公表された著作物を、著作権者の許諾なく、その複製物の貸与により公衆に提供することができる（著38条4項）。

⑤ 「非営利・無料」の場合の「ビデオなどの貸与」（著38条5項）

政令で定める視聴覚教室施設等においては、非営利かつ無料の場合には、公表された映画の著作物を、著作権者の許諾なく、その複製物の貸与により頒布することができる（著38条5項）。そのような頒布を行う者には、著作者へ相当な額の補償金の支払いの義務がある（同項）。

---

**補足説明**

令和3年法改正により、非営利・無料又は通常の家庭用受信機を用いて行う公の伝達等において、「放送」では権利者の許諾なく著作物等を利用できることを定める権利制限規定について、「同時配信等」にも適用できるよう拡充した（著作権法の一部を改正する法律説明資料（令和3年）p19、20）。

第7章 著作権法

## 8 引用・転載関係

### (1) 引用（著32条）

公表された著作物を、公正な慣行に合致しかつ引用の目的上正当な範囲内で、引用して利用することができる（著32条1項）。

国等の周知目的資料を、説明の資料として他の刊行物に転載することができる（同条2項本文）。ただし、転載の禁止表示がなされている場合はこの限りでない（同項ただし書）。

### (2) 時事問題に関する論説の転載等（著39条）

新聞や雑誌に掲載された政治上、経済上又は社会上の時事問題に関する論説（学術的な性質を有するものを除く）を、他の新聞や雑誌に転載し、放送し、有線放送し、地域限定特定入力型自動公衆送信を行い、若しくは放送同時配信等を行うことができる（著39条1項本文）。ただし、利用の禁止表示がなされている場合はこの限りでない（同項ただし書）。

> **補足説明**
> 令和3年法改正により、時事問題に関する論説の転載等において、「放送」では権利者の許諾なく著作物等を利用できることを定める権利制限規定について、「同時配信等」にも適用できるよう拡充した（著作権法の一部を改正する法律説明資料（令和3年）p19）。

## 9 美術・写真・建築関係

### (1) 付随対象著作物の利用（著30条の2）

①写真撮影、②録音、③録画のみならず、④複製・伝達行為（スクリーンショットや生配信等写真の撮影等（「複製伝達行為」）を行うに当たって、メインの被写体（例：子供）に付随して対象となるもの（例：ぬいぐるみ）は、正当な範囲内において、当該複製伝達行為に伴って、いずれの方法によるかを問わず、利用することができる（著30条の2）（著作権法及びプログラムの著作物に係る登録の特例に関する法律の一部を改正する法律案 説明資料 p27、28）。

第6節 著作権（財産権）が制限される場合

257

**(2) 美術の著作物等の原作品の所有者による展示**（著 45 条）

　美術の著作物や写真の著作物の原作品の所有者又はその同意を得た者は、それらの原作品を自由に展示することができる（著 45 条 1 項）。美術の著作物の原作品を、街路や公園等の屋外の場所に恒常的に設置することは、原作品の所有者であっても、著作権者の許諾を得る必要がある（同条 2 項）。

**(3) 公開美術の著作物等の利用**（著 46 条）

　街路や公園等の屋外の場所に設置された美術の著作物の原作品や建築の著作物を、所定の場合を除き、利用することができる（著 46 条柱書）。

　ここにいう所定の場合とは、彫刻を彫刻として増製し、又は増製物の譲渡により公衆に提供する場合（同条 1 号）、建築の著作物を建築の著作物として複製し、又は複製物の譲渡により公衆に提供する場合（同条 2 号）、街路や公園等の屋外の場所に恒常的に設置するために複製する場合（同条 3 号）、専ら販売目的で美術の著作物を複製し、又はその複製物を販売する場合（同条 4 号）である。

**(4) 美術の著作物等の展示に伴う複製等**（著 47 条）

　美術の著作物や写真の著作物の原作品による展示会を開催する者は、観覧者向けの作品紹介のための小冊子（カタログ等）に、著作物を掲載等することができる（著 47 条）。

**(5) 美術の著作物等の譲渡等の申出に伴う複製等**（著 47 条の 2）

　美術の著作物又は写真の著作物の原作品又は複製物の所有者その他のこれらの譲渡等の権原を有する者は、著作権者の譲渡権又は貸与権を害することなくその原作品又は複製物を譲渡等しようとするときは、譲渡等の申出の用に供するため、これらの著作物の複製又は公衆送信（所定の措

置を講じて行うものに限る。）を行うことができる（著47条の2）。

## 10 コンピュータ・プログラム関係

**プログラムの著作物の所有者による複製等（著47条の3）**

　プログラムの著作物の複製物の所有者は、自らその著作物を電子計算機において実行するために必要と認められる限度において、著作物の複製をすることができる（著47条の3第1項本文）。ただし、違法著作物を情を知りつつ取得して業務上電子計算機において使用するような場合には、この限りでない（同項ただし書）。

　作成された複製物は、滅失以外の理由によりプログラムの著作物の所有権を失った場合には、廃棄しなければならない（同条2項）。

## 11 放送局・有線放送局関係

**放送事業者等による一時的固定（著44条）**

　放送事業者、有線放送事業者又は放送同時配信等事業者は、著作権者から放送、有線放送又は放送同時配信等の許諾を得た著作物について、放送のための技術的な手段により、著作物を一時的に録音・録画を行うことができる（著44条1項～3項）。

　一時的に録音・録画された録音物又は録画物を、録音又は録画の後6ヵ月（この期間内に放送等されれば、その放送等後6ヵ月）を超えて保存する場合は、政令で定める公的な記録保存所に保存しなければならない（同条4項）。

**補足説明**
　令和3年法改正により、放送事業者等による一時的固定において、「放送」では権利者の許諾なく著作物等を利用できることを定める権利制限規定について、「同時配信等」にも適用できるよう拡充した（著作権法の一部を改正する法律説明資料（令和3年）p19）。

第6節　著作権（財産権）が制限される場合

## 12 インターネットに関する著作物利用及び電子計算機を用いた著作物利用の円滑化

### (1) 著作物に表現された思想又は感情の享受を目的としない利用（著30条の4）

著作物は、「① 著作物利用に係る技術開発・実用化の試験、② 情報解析、③ ①②のほか、人の知覚による認識を伴わない利用」である場合その他の当該著作物に表現された思想又は感情を自ら享受し又は他人に享受させることを目的としない場合には、その必要と認められる限度において、いずれの方法によるかを問わず、利用することができる。ただし、著作権者の利益を不当に害する場合はこの限りでない（著30条の4）。

### (2) 電子計算機における著作物の利用に付随する利用等（著47条の4）

ア　キャッシュ等関係（著47条の4第1項）

著作物は、「① 電子計算機におけるキャッシュのための複製、② サーバー管理者による送信障害防止等のための複製、③ ネットワークでの情報提供準備に必要な情報処理のための複製等」である場合その他これらと同様に当該著作物の電子計算機における利用を円滑又は効率的に行うために当該利用に付随する利用に供することを目的とする場合には、その必要と認められる限度において、いずれの方法によるかを問わず、利用することができる。ただし、著作権者の利益を不当に害する場合はこの限りでない。

イ　バックアップ等関係（著47条の4第2項）

著作物は、「① 複製機器の保守・修理のための一時的複製、② 複製機器の交換のための一時的複製、③ サーバーの滅失等に備えたバックアップのための複製」である場合その他これらと同様に当該著作物の電子計算機における利用を行うことができる状態の維持・回復を目的

とする場合には、その必要と認められる限度において、いずれの方法によるかを問わず、利用することができる。ただし、著作権者の利益を不当に害する場合はこの限りでない。

## (3) 電子計算機による情報処理及びその結果の提供に付随する軽微利用等（著47条の5）

著作物は、電子計算機を用いた情報処理により新たな知見又は情報を創出する「① 所在検索サービス（＝求める情報を特定するための情報や、その所在に関する情報を検索する行為）、② 情報解析サービス（＝大量の情報を構成する要素を抽出し解析する行為）、③ ①②のほか、電子計算機による情報処理により新たな知見・情報を創出する行為であって国民生活の利便性向上に寄与するものとして政令で定めるもの」の行為を行う者（政令で定める基準に従う者に限る。）は、必要と認められる限度において、当該情報処理の結果の提供に付随して、いずれの方法によるかを問わず、軽微な利用を行うことができる。ただし、著作権者の利益を不当に害する場合はこの限りでない。

> **補足説明**
> 「軽微な利用」は、利用される著作物の割合、量、表示の精度等を総合考慮の上で判断。

> **事例解答**
>
> 学校その他の教育機関（営利を目的として設置されているものを除く。）において教育を担任する者及び授業を受ける者は、その授業の過程における利用に供することを目的とする場合には、必要と認められる限度において、公表された著作物を複製等することができる（著35条）。このように、著作権法35条の適用を受けるためには、必要と認められる限度内であるなど、所定の要件を満たす必要がある。したがって、「大学の授業に関連するものであれば」、常に他人の著作物を複製等できるわけではない。

第6節　著作権（財産権）が制限される場合

第 **7** 節

# 著作者の権利の発生

重要度 ★★★

## 事例問題

著作権は著作物を創作した時点で自動的に発生し、その取得のための手続は必要ないが、なぜ、著作権法上の登録制度が存在するのだろうか？

⇒解答は266頁

### 学習到達目標

①著作者の権利の発生を理解
②登録制度も存在するが、それとの関係も併せて理解

## ★ 目標到達までのチェックポイント

☑登録なくして著作権が発生する理由を理解したか。
☑登録制度が存在している理由を理解したか。

## ▼ 他の項目との関連性

著作者の権利が発生して初めて権利行使できるが、その意味ですべての項目と関連する。

262

第7章　著作権法

## 1　無方式主義

**著作権法第17条第2項（著作者の権利）**
2　著作者人格権及び著作権の享有には、いかなる方式の履行をも要しない。

　著作者人格権及び著作権（財産権）は、著作物を創作した時点で自動的に発生する（著17条2項）。すなわち、著作権法では無方式主義が採用されている。

　このため、著作権法には設定登録料の納付（例：特66条2項）という概念は存在せず、また、権利発生時の公報による公示（例：特66条3項）も行われない。

## 2　著作物を創作したとき（『著作権法逐条講義』p156）

　無方式主義における問題は、著作物を創作したときにただちに保護をするといっても、いったいいつ創作されたといえるのかということにある。ある創作物が完成品として特定されるまでの間には、プロセスがいろいろあり、これが著作物として最終的なものだと著作者が認めたときが創作時となるのではなく、完成品に至るまでの段階で、創作者の思想・感情が外部的に認識できる形で表現されていれば、そこに著作物が存在すると考えられる。

## 3　その他

　著作権法では、次のような登録制度が定められている。具体的には、文化庁長官が著作権登録原簿又は出版権登録原簿に記載することにより登録が行われる（著78条1項、著88条2項）。

---

**補足説明**
　国際ルールにより、著作権は著作物の創作等と同時に「自動的に」発生するものとされている。このため、著作権を得るための登録制度の採用は禁止されている。
　その一方で、著作権に関する事実関係の公示や、著作権が移転した場合の取引の安全の確保等のために、著作権法では所定の登録制度が定められている（『著作権テキスト』p80）。

**補足説明**
　たとえば、シューベルトの『未完成』も、未完成の段階でありながら、立派な著作物たり得るものであり、それが仮に継ぎ足されて第4楽章までの交響曲になったとしても、それはそれとして著作物たり得る。

第7節　著作者の権利の発生

263

## (1) 実名の登録（著75条）

無名又は変名で公表された著作物の著作者は、現にその著作権を有するかどうかにかかわらず、その著作物についてその実名の登録を受けることができる（著75条1項）。また、著作者は、その遺言で指定する者により、死後において実名の登録を受けることができる（同条2項）。

実名の登録がされている者は、当該登録に係る著作物の著作者と推定される（同条3項）。なお、実名の登録は、官報で告示される（著78条3項）。

実名登録の効果としては、無名・変名の著作物の保護期間は公表後70年であるが、実名登録をすれば著作者の死後70年に保護期間を延長することができるという財産的利益の増大の面からするメリットがある（『著作権法逐条講義』p495）。

## (2) 第一発行年月日等の登録（著76条）

著作権者又は無名若しくは変名の著作物の発行者は、その著作物について第一発行年月日の登録又は第一公表年月日の登録を受けることができる（著76条1項）。

第一発行年月日の登録又は第一公表年月日の登録がされている著作物については、これらの登録に係る年月日において最初の発行又は最初の公表があったものと推定する（同条2項）。

第一発行年月日又は第一公表年月日を登録する結果として、公表時起算の著作物の保護期間の計算は登録に係る年月日の翌年から起算されることになる。このため、著作物利用者側にとって、登録に係る年月日を信頼して著作権の存続の有無を判断することができる（『著作権法逐条講義』p498）。

## (3) 創作年月日の登録（著76条の2）

プログラムの著作物の著作者は、その著作物について創

作年月日の登録を受けることができる。ただし、その著作物の創作後6月を経過した場合は、この限りでない（著76条の2第1項）。

　創作年月日の登録がされている著作物については、その登録に係る年月日において創作があったものと推定する（同条2項）。

　登録の申請ができる期間は、プログラム創作後6ヵ月以内に限られている。第一発行や第一公表については、著作物の提供、提示を受けた者から証明書を取る等してその年月日を立証することは比較的容易であるが、創作年月日を立証することは困難であるため、申請期間を短期間に限ることにより申請に係る年月日の真実性を高めようとしたものである（『著作権法逐条講義』p501）。

### (4) 著作権の移転等の登録（著77条）

　著作権の移転若しくは信託による変更又は処分の制限は、登録しなければ第三者に対抗することができない（著77条1号）。

　著作権を目的とする質権の設定、移転、変更若しくは消滅（混同又は著作権若しくは担保する債権の消滅によるものを除く）又は処分の制限は、登録しなければ第三者に対抗することができない（同条2号）。

### (5) 出版権の設定等の登録（著88条）

　出版権の設定、移転、変更若しくは消滅（混同又は複製権若しくは公衆送信権の消滅によるものを除く）又は処分の制限は、登録しなければ第三者に対抗することができない。

　また、出版権を目的とする質権の設定、移転、変更若しくは消滅（混同又は出版権若しくは担保する債権の消滅によるものを除く）又は処分の制限は、登録しなければ第三者に対抗することができない。

---

**補足説明**
　本条は、プログラムの著作物に固有な登録制度として、創作年月日を登録によって公示する制度を定めたものであり、昭和60年のプログラムの保護に関する法改正により新たに設けられた（『著作権法逐条講義』p427）。

**補足説明**
　「著作権の移転等の登録」は、特許法98条1項と対比することができる。なお、著作権法77条では、第三者対抗要件である点で、効力発生要件とする特許法98条1項と異なる。
　本条は、著作権及び著作権を目的とする質権の得喪・変更等に関し、不動産の物権登記と同様の登録による公示の制度を定め、財産権としての取引の安全を図ろうとしたものである（『著作権法逐条講義』p502、503）。

**定義**
　「出版権」とは、著作物を独占的に印刷・販売頒布して利益を受ける排他的権利をいう。なお、出版権については、著作権法第3章に規定されている。

**補足説明**
　本条は、出版権及び出版権を目的とする質権の得喪・変更等に関し、不動産の物権登記と同様の登録による公示の制度を定め、財産権としての取引の安全を図るとともに、出版権の登録手続等について著作権の登録手続等に関する規定を準用することとしたものである（『著作権法逐条講義』p545）。

第7節　著作者の権利の発生

**事例解答**

著作権法上の登録制度は、登録することによって権利が発生する特許権や実用新案権などの産業財産権と異なり、権利取得のためのものではなく、著作権に関しての法律事実を公示するとか、あるいは著作権が移転した場合の取引の安全を確保するなどのために存在している。そのため、著作物を公表したり、著作権を譲渡したなどという事実があった場合にのみ、登録が可能である。

# memo

## 第 8 節
# 著作者の権利の保護期間

重要度 ★★★

### 事例問題

著作権の存続期間は、著作物の公表の時に始まることがあるのだろうか？

⇒解答は272頁

### 学習到達目標

著作者の権利の保護期間は他の産業財産権とは異なり特有の点が存在することから、相違を意識しつつ理解

★　**目標到達までのチェックポイント**
- ☑著作者人格権の保護期間を理解したか。
- ☑著作財産権の保護期間を理解したか。

▼　**他の項目との関連性**

**第4節 著作者人格権、第5節 著作財産権**

「第4節 著作者人格権」「第5節 著作財産権」との関連性が高い。併せて参照されたい。

第7章　著作権法

## 1 著作者人格権の保護期間

### 著作権法第59条（著作者人格権の一身専属性）

著作者人格権は、著作者の一身に専属し、譲渡することができない。

### 著作権法第60条（著作者が存しなくなつた後における人格的利益の保護）

著作物を公衆に提供し、又は提示する者は、その著作物の著作者が存しなくなつた後においても、著作者が存しているとしたならばその著作者人格権の侵害となるべき行為をしてはならない。ただし、その行為の性質及び程度、社会的事情の変動その他によりその行為が当該著作者の意を害しないと認められる場合は、この限りでない。

著作権法59条は、著作者人格権がその性質上一身専属権であることを宣言的に規定し、その不可譲渡性を明らかにしたものである。著作者人格権は、その名のとおり、著作者の人格にかかわる権利であるので、著作者が生きている限り認められる性格のものである。そして、その人格は著作者固有のものであるので、これを譲渡することができない。著作権法59条は創設規定ではなく、念のために規定したものである（『著作権法逐条講義』p430）。

著作者人格権そのものの「譲渡」ができないが、著作物の利用許諾契約や著作権の譲渡契約等において、「人格権を行使しない」という内容の不行使契約を行うことは可能であり、改変を伴う利用等が予想される場合には、そのような契約をあらかじめ行っておくことが考えられる（『著作権法逐条講義』p430）。

「譲渡することができない」というのは、法律上の不能を規定したものであり、譲渡ができないという規定の意味

第8節　著作者の権利の保護期間

**補足説明**
ただし、このような契約が有効かについては学説上争いがある。

269

からして、当然に、質権を設定することもできず、差し押さえることもできない（『著作権法逐条講義』p431）。

著作権法60条は、著作者人格権が著作者の死亡（法人著作者の場合は解散）とともに消滅するので、著作者が存しなくなった後における、その人格的利益の保護を一定限度において認めようとするものである。

## 2 著作権（財産権）の保護期間

**著作権法第51条（保護期間の原則）**
1　著作権の存続期間は、著作物の創作の時に始まる。
2　著作権は、この節に別段の定めがある場合を除き、著作者の死後（共同著作物にあつては、最終に死亡した著作者の死後。次条第1項において同じ。）70年を経過するまでの間、存続する。

### (1) 保護期間の始期

著作権の保護期間は、創作物の創作の時に始まる（著51条1項）。すなわち、公表に関係なく著作権が発生する。

### (2) 保護期間の原則と例外

著作権は、著作者が生存している期間はもちろん、著作者の死後70年の期間についても存続する（著51条2項）。

〈著作財産権の保護期間〉

著作者の死亡

70年

著作物の創作

保護期間

**補足説明**
権利維持手数料としての特許料（年金）を納付する必要がある特許法等とは異なり、著作権についての料金納付は不要である。

**補足説明**
著作権の存続期間は、著作物の創作の時に始まる（著51条1項）。

ただし、この原則に対していくつかの例外がある（著52条〜54条）。たとえば、団体名義の著作物については「公表後70年」となり、創作後70年以内に公表されなかったときには「創作後70年」となる（著53条1項）。

また、映画の著作物についても、保護期間は「70年」である（著54条1項）。

### (3) 保護期間の計算方法

著作者の死後70年又は著作物の公表後70年若しくは創作後70年の期間の終期を計算するときは、著作者が死亡した日又は著作物が公表され若しくは創作された日のそれぞれ属する年の翌年から起算する（著57条）。

すなわち、死亡、公表及び創作の年の「翌年の1月1日」から起算して計算する（暦年主義）。

たとえば、漫画家として有名な手塚治虫氏（1928年11月3日〜1989年2月9日）の著作権（財産権）は、1990年1月1日から70年後の2059年12月31日まで存続する。

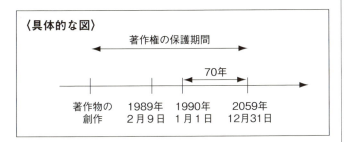

言い換えれば、たとえば2000年に死亡した著作者の著作権（財産権）は、すべて2070年12月31日まで存続する。

### (4) 共同著作の場合

共同著作物の場合の死後70年の計算方法が、著作権法51条2項かっこ書に規定されている。すなわち、共同著作物のように複数の著作者がいる場合には、最後に死亡した著作者の死亡年を基準として70年の計算をすることとな

第7章 著作権法

第8節 著作者の権利の保護期間

**発展知識**
なお、法人と個人との共同著作物の場合については規定されていない。著作権法51条2項を適用して個人著作者の死後70年とするのと著作権法53条1項を適用して公表後70年とするのとでは大きな差が生ずるが、保護期間の長いほうによることが著作者保護の趣旨に合致し、かつ、公表後70年の諸規定は死後70年の原則により難い特殊事情にもとづくものであることからすれば、法人と個人との共同著作物の保護期間については、著作権法51条2項の規定によって個人著作者の死後70年と解すべきである（『著作権法逐条講義』p400、401）。

271

る。

## (5)「公表の時」の解釈

　著作物の公表にもとづいて保護期間の計算がなされる場合において、冊、号又は回を追って公表する著作物（いわゆる逐次刊行物）については、毎冊、毎号又は毎回の公表の時によるものとする（著56条1項）。

　ここで、一部分ずつを逐次公表して完成する著作物については、最終部分の公表の時によるものとし（同項）、もし、継続すべき部分が直近の公表の時から3年を経過しても公表されないときは、既に公表されたもののうちの最終の部分をもって最終部分とみなされる（著56条2項）。

> **補足説明**
> 「著作物の公表」については、著作権法4条に規定されている。

> **補足説明**
> 一話完結形式の連載マンガは、逐次刊行物には該当しない。

### 著作権の保護期間

| 著作物の種類 | 保護期間 |
| --- | --- |
| 実名（周知の変名を含む）の著作物 | 死後70年 |
| 無名・変名（周知の変名は除く）の著作物 | 公表後70年（死後70年経過が明らかであれば、その時点まで） |
| 団体名義の著作物 | 公表後70年（創作後70年以内に公表されなかったときは、創作後70年） |
| 映画の著作物 | 公表後70年（創作後70年以内に公表されなかったときは、創作後70年） |

参照：文化庁ホームページ　http://www.bunka.go.jp/chosakuken/gaiyou/hogokikan.html

**事例解答**

著作権の存続期間は、著作物の「創作の時」に始まる（著51条1項）。したがって、著作権の存続期間は著作物の公表の時に始まることはなく、常に創作の時に始まる。

# memo

## 第9節
# 著作隣接権

重要度 ★★★

### 事例問題

ギタリストがスタジオで録音を行った演奏が未公表である場合には、そのギタリストは当該演奏について公表権を有するのだろうか？　⇒解答は290頁

### 学習到達目標

①著作隣接権について理解
②他の権利との位置付けを意識しながら権利内容を理解

### ★　目標到達までのチェックポイント

☑著作隣接権の内容を理解したか。
☑各隣接権についてそれぞれに含まれる権利を理解したか。

### ▼　他の項目との関連性

**第5節 著作財産権**
　各隣接権と著作財産権との関係が重要であることから、「第5節 著作財産権」との関係がとくに深い。

## 1 著作隣接権の概要

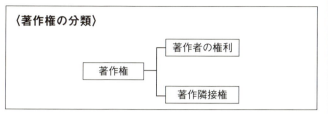

　著作者の権利は、著作物を創作した者に付与されるものであるのに対し、著作隣接権とは、著作物等を伝達する者に付与される権利をいう。具体的には、著作隣接権は、実演家、レコード製作者、放送事業者及び有線放送事業者に付与される権利である（著89条1項～4項）。

　著作隣接権の享有には、いかなる方式の履行をも要しない（同条5項）。すなわち、著作隣接権には、著作者の権利の場合（著17条2項）と同様に、無方式主義の原則が採用される。

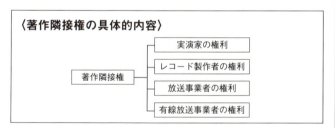

## 2 実演家の権利

**(1) 意義**（『著作権法概説』p521）

　実演家は実演を提供する見返りに報酬を得ることが可能であるが、その実演の録音や録画物がさまざまなところで利用されると、自己の実演の機会が少なからず奪われることになる。他方で、録音や録画の技術がいかに発展したとしても実演に対する需要は失われない。録音録画技術の普及や発展に伴い、実演家の受ける経済的な不利益を放置し

ておく場合には、実演家が減少し、文化の発展に好ましくない事態をもたらすことになりかねない。

そこで、実演家に無断録音や無断録画の行為と、許諾を得たものを含めて録音や録画物の一定の利用行為に対して禁止権や報酬請求権を付与することとした（著89条1項）。

### (2) 用語の定義等

#### ① 実演

著作物を、演劇的に演じ、舞い、演奏し、歌い、口演し、朗詠し、又はその他の方法により演ずること（これらに類する行為で、著作物を演じないが芸能的な性質を有するものを含む）をいう（著2条1項3号）。すなわち、著作物をなんらかの形で演ずることが実演である。

「演劇的に演じる」ということは、「あらかじめストーリーが決まっている」ということを意味する。したがって、たとえば「スポーツの試合のように何が起こるか分かっていないもの」は、実演には該当しない。

「口演し」とは、単に著作物を朗読しているだけの場合をいわない。講談の読み、落語の話し、漫才の掛け合い、漫談の語り等がその典型例である（『著作権法逐条講義』p26）。

著作権法2条1項3号かっこ書は、手品やパントマイム等を想定して規定されたものである（『著作権法概説』p521）。

かっこ書において「芸能的」という制限が付されているのは、体操競技その他のスポーツ選手の実技を含まない趣旨である（『著作権法概説』p521）。

#### ② 実演家

俳優、舞踊家、演奏家、歌手その他実演を行う者及び実演を指揮し、又は演出する者をいう（著2条1項4号）。

「実演を指揮し、又は演出する者」とは、実演そのものを行っていると同一の評価ができる者という意であ

**補足説明**
プロの競技会におけるフィギュアスケートとアイスショーのように、芸能的か否かの判断が困難なものもある（『著作権法概説』p521）。

る。たとえば、オーケストラの指揮者や舞台の演出家のように、実演家を指図して自らの主体性をもとに実演を行わせている者、つまり実演を行っているのと同じ状態にある者を指して実演家という考え方をしている(『著作権法逐条講義』p27)。

### (3) 実演家の権利の内容

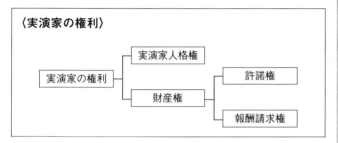

① 実演家人格権

実演家には、人格権として、実演家人格権が認められる。この実演家人格権は、「氏名表示権」(著90条の2)と「同一性保持権」(著90条の3)とがある。

すなわち、著作者人格権には含まれる「公表権」が実演家には付与されない。実演が行われる際には、公表を前提として行われることが多いことによるものである(著作権テキスト p30)。

(ⅰ) 氏名表示権

自分の実演について、「実演家名」を「表示するかしないか」、表示するとすればその「実名か変名」かなどを決定できる権利である(著90条の2)。

(ⅱ) 同一性保持権

自分の実演について、無断で「名誉声望を害するような改変」をされない権利である(著90条の3)。

「著作者」の「同一性保持権」の場合は、「意に反する改変」のすべてについて権利が及ぶが、「実演家」の「同一性保持権」は「名誉声望を害するような改変」

> **補足説明**
> 著作者人格権には、「公表権」(著18条1項)、「氏名表示権」(著19条1項)及び「同一性保持権」(著20条1項)の3つの権利がある。

のみに権利が及んでおり、侵害があった場合には、権利者である「実演家」が「名誉声望を害された」ということを立証しなければならない。

② **財産権**

財産権には、許諾権と報酬請求権とがある（著作権テキスト p31 ～ 34）。

（ⅰ）　許諾権

次のものがある。録音権・録画権（著 91 条）、放送権・有線放送権（著 92 条）、送信可能化権（著 92 条の 2）、譲渡権（著 95 条の 2）及び貸与権等（著 95 条の 3）。

ア　録音権・録画権（無断で録音・録画されない権利）

（a）生の実演

自分の「生の実演」を、ディスク、テープ、フィルムなどに録音・録画することに関する権利である（著 91 条 1 項）。

（b）レコードに録音された実演

自分の実演が「録音」された CD などをコピー（複製）することも及ぶ（著 91 条 1 項）。したがって、音楽 CD などをコピーする場合には、「著作者」である作詞家、作曲家だけでなく、歌手や演奏家などの「実演家」の了解も必要となる。

（c）映画の著作物に録音・録画された実演

いったん実演家の了解を得て映画の著作物に録音・録画された実演には原則として権利はない（著 91 条 2 項）。

イ　放送権・有線放送権（無断で放送・有線放送されない権利）

（a）生の実演

自分の「生の実演」を、テレビやラジオなどにより放送・有線放送することに関する権利である（著 92 条 1 項）。

（b）レコードに録音された実演

---

**補足説明**

著作者の「財産権」は基本的にすべて「許諾権」であるが、実演家の「財産権」には、「許諾権」と「報酬請求権」がある（著作権テキスト p30）。

**用語**

ワンチャンス主義（『著作権法概説』p525）

実演家が有する録音権・録画権（著 91 条 1 項）は、権利者の許諾を得て「映画の著作物」に固定された実演を録音録画する場合には適用されない（同条 2 項）。映画の著作物には多数の実演が絡むために、その増製に逐一、全実演家の許諾を要することにすると、映画の著作物の利用が停滞するおそれがあるため、利用の便宜が優先されたものである。

このため、実演家としては、その後自由に増製され、販売されることになるのを考慮して、最初に映画の著作物に録音録画されたところで十分な対価を得ておく必要がある。

第7章　著作権法

実演家の了解を得ないで作成されたレコードを用いて放送・有線放送する場合には権利が働く（著92条1項・2項2号イ）。

（c）映画の著作物に録音・録画された実演

実演家の了解を得ないで映画の著作物に録音・録画された実演を用いて放送・有線放送する場合に権利が働く（著92条1項・2項2号ロ）。

なお、サントラ盤等を用いて放送・有線放送する場合にも、例外的に権利が働く。

ウ　送信可能化権（無断で送信可能化されない権利）

（a）生の実演

自分の「生の実演」を、サーバー等の「自動公衆送信装置」に「蓄積」、「入力」することにより、「受信者からのアクセスがあり次第『送信』され得る」状態に置くことに関する権利である（著92条の2第1項）

（b）レコードに録音された実演

実演家の了解を得ないで作成されたレコードを用いて送信可能化する場合に権利が働く（著92条の2第2項1号）。自分の実演が「録音」されたCDなどを使って、送信可能化することにも及ぶ（同条1項）。

（c）映画の著作物に録音・録画された実演

実演家の了解を得ないで映画の著作物に録音・録画された実演を用いて送信可能化する場合に権利が働く（著92条の2第2項2号）。

なお、サントラ盤等を用いて送信可能化する場合にも、例外的に権利が働く。

エ　譲渡権（無断で公衆に譲渡されない権利）

（a）レコードに録音された実演

自分の実演が「録音」されたCDなどを公衆向けに譲渡することに関する権利である（著95条

---

**条文内容**
放送権・有線放送の規定は、次に掲げる場合には、適用しない（著92条2項）。
一　放送される実演を有線放送する場合
二　次に掲げる実演を放送し、又は有線放送する場合
イ　著91条1項に規定する権利を有する者の許諾を得て録音され、又は録画されている実演
ロ　著91条2項の実演で同項の録音物以外の物に録音され、又は録画されているもの

**条文内容**
送信可能化権の規定は、次に掲げる実演については、適用しない（著92条の2第2項）。
一　著91条1項に規定する権利を有する者の許諾を得て録画されている実演
二　著91条2項の実演で同項の録音物以外の物に録音され、又は録画されているもの

**条文内容**
譲渡権の規定は、次に掲げる実演については、適用しない（著95条の2第2項）。
一　著91条1項に規定する権利を有する者の許諾を得て録画されている実演
二　著91条2項の実演で同項の録音物以外の物に録音され、又は録音されているもの

第9節　著作隣接権

279

の2第1項)。なお、この権利は、著作者の譲渡権の場合と同様に、いったん適法に譲渡されたCDなどについてはなくなるので、購入したCDなどの転売は自由である（著95条の2第3項)。

（b）映画の著作物に録音・録画された実演

実演家の了解を得ないで映画の著作物に録音・録画された実演の複製物を譲渡する場合は、権利が働く（著95条の2第2項2号)。

なお、サントラ盤等を用いて譲渡する場合にも、例外的に権利が働く。

**オ　貸与権（無断で公衆に貸与されない権利）**

レコードに録音された実演

自分の実演が「録音」されたCDなど（市販用に限る）を公衆向けに貸与することに関する権利である（著95条の3)。この権利は、立法時の経緯から、特別の扱いがなされており、発売後「1年間は許諾権」であり、「残りの期間は報酬請求権」とされている（期間経過商業用レコードについて使用料を請求できる権利)。

（ⅱ）　報酬請求権

実演家は以下の報酬を請求できる。なお、報酬請求権は、他人が利用することを止められないという点において、許諾権よりも弱い権利である。すなわち、報酬請求権は、利用（放送・有線放送等）した際に、その使用料（報酬）を請求できる権利にすぎない。

**ア　放送のための固定物等による放送についての使用料**（著93条の2）

放送権者等が許諾した放送事業者等が作成した録音物又は録画物を用いた放送等を行った場合、放送事業者等は、相当な額の報酬を実演家に支払わなければならない。

**補足説明**
報酬請求権の行使は、文化庁が指定する団体（社団法人日本芸能実演家団体協議会）を通じて行われる。

第7章　著作権法

**イ　放送のための固定物等による放送同時配信等についての使用料**（著93条の3）

　令和3年法改正により、実演家が放送事業者に（初回の）放送同時配信等の許諾を行ったときは、契約に別段の定めがない限り、集中管理等がされていない実演について、2回目以降の放送同時配信等ができ、その際、権利者（又は文化庁長官が指定する管理事業者）に通常の使用料相当額の報酬を支払わなければならない旨規定された。

**ウ　放送される実演の有線放送についての使用料**（著94条の2）

　有線放送事業者は、放送される実演を有線放送した場合には、当該実演に係る実演家に相当な額の報酬を支払わなければならない。

**エ　商業用レコードに録音されている実演の放送同時配信等についての使用料**（著94条の3）

　令和3年法改正により、放送事業者等は、集中管理等がされていない商業用レコードに録音されている実演の放送同時配信等で利用でき、その際、権利者（又は文化庁長官が指定する管理事業者）に通常の使用料相当額の補償金を支払わなければならない旨規定された。

**オ　商業用レコードの二次使用についての使用料**（著95条）

　放送事業者等は、商業用レコード（市販の目的をもって製作されるレコードの複製物）を用いて放送等を行った場合、実演家に二次使用料を支払わなければならない。

**カ　期間経過商業用レコードについての使用料**（著95条の3）

　貸レコード業者は、期間経過商業用レコードの貸与により実演を公衆に提供した場合には、存続期間

第9節　著作隣接権

281

内のものに限り、実演家に相当額の報酬を支払わな
ければならない。

なお、実演家を捜索するための措置を講じても連絡できな
いときのために、以下の使用料についての規定が設けられた。

### キ　特定実演家と連絡することができない場合の放送同時配信等についての使用料（著94条）

令和3年法改正により、過去の番組の再放送がされる場合に、実演家を捜索するための措置を講じても連絡できないときは、文化庁長官が指定する管理事業者の確認を受け、通常の使用料相当額の補償金を支払って、その実演の放送同時配信等ができることとなった。

## 3　レコード製作者の権利

### (1) 意義（『著作権法概説』p530、531）

著作権法は、レコード、テープ、CDの製作のインセンティブを保証するために、レコード製作者にそのレコードの複製等を禁止する権利及び、商業用レコードを用いた放送等に対する報酬を請求する権利（原盤権とも呼ばれる）を認めている（著89条2項）。

### (2) 用語の定義等

① 　レコード

蓄音機用音盤、録音テープその他の物に音を固定したものをいう（著2条1項5号）。

② 　商業用レコードとの違い（『著作権法逐条講義』p31）

「商業用レコード」とは、市販の目的をもって製作されるレコードの複製物をいい（著2条1項7号）、一般にコマーシャル・ベースによって販売の目的とされる

---

**補足説明**

著作権法上のレコードとは、一般の社会常識とは少し違い、ディスク・レコードだけでなく、録音テープ等ディスク以外の録音有体物までも含めた広い意味の録音物に収録されている音の存在という概念である。「その他の物」の例としては、たとえばソノシート、フォノシート、あるいはオルゴール、さらには音のデジタル・データを収録したROM、携帯用メモリ・カードや磁気ディスクのようなものがある。すなわち、「その他の物」とは、機械的に音を再生することが可能なもの、機器を操作すれば音がそこから出てくるものという意味である（『著作権法逐条講義』p26）。ただし、音をもっぱら影像とともに再生することを目的とするものは、除かれる（著2条1項5号かっこ書）。

ディスク、録音テープ、オルゴール等そのものを指す。
③ レコード製作者

レコードに固定されている音を最初に固定した者をいう（著2条1項6号）。たとえば、レコード会社の従業員が現実に音を収録した場合でも、それが会社の従業員として業務上録音したものであれば、「固定した者」というのはレコード会社である（『著作権法逐条講義』p30）。

**(3) レコード製作者の権利の内容**

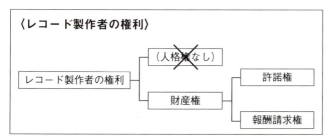

① 人格権

レコード製作者には、人格権が認められない。

② 財産権

財産権には、許諾権と報酬請求権とがある（著作権テキストp35、36）。

（ⅰ） 許諾権

次のものがある。複製権（著96条）、送信可能化権（著96条の2）、譲渡権（著97条の2）及び貸与権等（著97条の3第1項）。

ア 複製権（無断で複製されない権利）

レコードをコピー（複製）することに関する権利である（著96条）。音楽CDなどをコピーする場合には、「著作者」である作詞家、作曲家、実演家だけでなく、原盤を作成した「レコード製作者」の了解も必要となる。

### イ　送信可能化権（無断で送信可能化されない権利）

　レコードを、サーバー等の「自動公衆送信装置」に「蓄積」、「入力」することにより、「受信者からのアクセスがあり次第『送信』され得る」状態に置くことに関する権利である（著96条の2）。

### ウ　譲渡権（無断で公衆に譲渡されない権利）

　CDなどを公衆向けに譲渡することに関する権利である（著97条の2）。この権利は、著作者の譲渡権の場合と同様に、いったん適法に譲渡されたCDなどについてはなくなるので、購入したCDなどの転売は自由である（著97条の2第2項）。

### エ　貸与権（無断で公衆に貸与されない権利）

　CDなどを公衆向けに貸与することに関する権利である（著97条の3第1項）。この権利は、実演家の「貸与権」と同様、立法時の経緯から、特別の扱いがされており、発売後「1年間は許諾権」「残りの期間は報酬請求権」とされている（期間経過商業用レコードについて使用料を請求できる権利）。

（ⅱ）　報酬請求権

　レコード製作者は以下の報酬を請求できる。

### ア　商業用のレコードの放送同時配信等についての使用料（著96条の3）

　令和3年法改正により、放送事業者等は、集中管理等がされていない商業用レコードを放送同時配信等で利用でき、その際、権利者（又は文化庁長官が指定する管理事業者）に通常の使用料相当額の補償金を支払わなければならない旨規定した。

### イ　商業用レコードの二次使用についての使用料（著97条）

　放送事業者等が商業用レコードを用いた放送等を行った場合に、レコード製作者に二次使用料を支払わなければならない。

第7章　著作権法

　ウ　期間経過商業用レコードについての使用料（著
　97条の3）

　　貸レコード業者は、期間経過商業用レコードの貸
　与によりレコードを公衆に提供した場合には、存続
　期間内のものに限り、レコード製作者に相当額の報
　酬を支払わなければならない。

## 4　放送事業者の権利

### (1)　意義（『著作権法概説』p534）

　放送事業を開始し運営していくためには多大な資本の投
下を必要とするところ、他者がその放送を受信して複製、
放送する行為を甘受しなければならないとすれば、放送事
業への投資意欲が減退しかねない。

　そこで、著作権法は、放送事業者を著作隣接権として位
置付け、その放送を受信して行う特定の利用行為に対して
禁止権を与えることとした（著89条3項）。

### (2)　用語の定義等

①　放送

　公衆送信のうち、公衆によって同一の内容の送信が同
時に受信されることを目的として行う無線通信の送信を
いう（著2条1項8号）。

②　放送事業者

　放送を業として行う者をいう（同項9号）。

　　　例：NHKや民放等

**補足説明**
　著作権法において「放送する」という用語は、「放送」と同じ意味に用いられる（著2条9項）。

第9節　著作隣接権

**(3) 放送事業者の権利の内容**

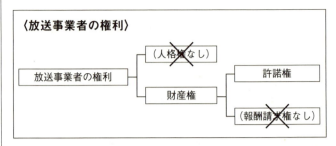

① **人格権**

放送事業者には、人格権が認められない。

② **財産権**

財産権には、許諾権がある（著作権テキストp38）。

（ⅰ） 許諾権

次のものがある。複製権（著98条）、再放送権・有線放送権（著99条）、送信可能化権（著99条の2）及びテレビジョン放送の伝達権（著100条）。

ア　複製権（無断で複製されない権利）

テレビ・ラジオの放送（放送を受信して行われた有線放送の場合を含む）を、「録音・録画」したり、テレビの画像などを「写真などの方法によりコピーすること」に関する権利である（著98条）。録音・録画したものをさらにコピーすることにも権利が及ぶ。

イ　再放送権・有線放送権（無断で再放送・有線放送されない権利）

放送を受信して、それをさらに放送・有線放送することに関する権利である（著99条）。

なお、放送を受信してそのまま直ちに放送することを「再放送」といい、同じ放送事業者がある番組を繰り返し放送することではない。

ウ　送信可能化権（無断で送信可能化されない権利）

放送（放送を受信して行う有線放送の場合を含む）

を受信して、インターネット等で送信するために、サーバー等の自動公衆送信装置に「蓄積」、「入力」することにより、「受信者からのアクセスがあり次第『送信』され得る」状態に置くことに関する権利である（著99条の2）。

#### エ　テレビ放送の公の伝達権（無断で受信機による公の伝達をされない権利）

テレビ放送を受信して、超大型テレビやオーロラビジョンなど、画面を拡大する特別の装置を用いて、公衆向けに伝達する（公衆に見せる）ことに関する権利である（著100条）。

（ⅱ）　放送事業者の権利には、財産権としての報酬請求権がない。

## 5　有線放送事業者の権利

**(1) 意義**（『著作権法概説』p539）

隣接権条約においては有線放送事業者の保護に関する規定はないが、日本の著作権法は、CATVの発達状況に鑑み、世界に先駆けて、1986年の一部改正により、有線放送事業者にも放送事業者に準じた著作隣接権の保護を付与することとした。

**(2) 用語の定義等**

①　有線放送

公衆送信のうち、公衆によって同一の内容の送信が同時に受信されることを目的として行う有線電気通信の送信をいう（著2条1項9号の2）。

すなわち、有線放送は、有線音楽放送やCATVのように、公衆に対し一斉に同じ情報を流すものだけが該当する。したがって、いわゆるインターネット放送やウェブキャストのように、公衆の個々のアクセスに応じて個

別に送信を行うというような形態のものは、「有線放送」には該当しない。なお、インターネット放送やウェブキャストは、「自動公衆送信」（同項9号の4）に該当する。

② 有線放送事業者

有線放送を業として行う者をいう（同項9号の3）。

**補足説明**
著作権法において「有線放送する」という用語は、「有線放送」と同じ意味に用いられる（著2条9項）。

### (3) 有線放送事業者の権利の内容

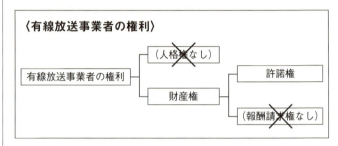

① **人格権**

有線放送事業者には、人格権が認められない。

② **財産権**

財産権には、許諾権がある（著作権テキストp39、40）。

（ⅰ）許諾権

次のものがある。複製権（著100条の2）、放送権・再有線放送権（著100条の3）、送信可能化権（著100条の4）及び有線テレビジョン放送の伝達権（著100条の5）。

ア 複製権（無断で複製されない権利）

有線放送を録音・録画したり、テレビの画像などを「写真などの方法によりコピーすること」に関する権利である（著100条の2）。録音・録画したものをさらにコピーすることにも権利が及ぶ。

イ 放送権・再有線放送権（無断で放送・有線放送されない権利）

有線放送を受信して、それをさらに放送したり、

有線放送することに関する権利である（著100条の3）

　なお、放送の場合と同様に、有線放送を受信して別の有線放送事業者が有線放送することを「再有線放送」といい、同じ有線放送事業者がある番組を繰り返し放送することではない。

ウ　送信可能化権（無断で送信可能化されない権利）

　有線放送を受信して、インターネット等で送信するために、サーバー等の自動公衆送信装置に「蓄積」、「入力」することにより、「受信者からのアクセスがあり次第『送信』され得る」状態に置くことに関する権利である（著100条の4）。

エ　有線テレビ放送の公の伝達権（無断で受信機による公の伝達をされない権利）

　有線テレビ放送を受信して、超大型テレビやオーロラビジョンなど、画面を拡大する特別装置を用いて、公衆向けに伝達する（公衆に見せる）ことに関する権利ある（著100条の5）。

（ⅱ）　有線放送事業者の権利には、放送事業者の権利と同様、報酬請求権がない。

| | 実演 | レコード | 放送 | 有線放送 |
|---|---|---|---|---|
| 録音権・録画権 | 91条 | ― | ― | ― |
| 放送権・有線放送権 | 92条 | ― | ― | ― |
| 送信可能化権 | 92条の2 | 96条の2 | 99条の2 | 100条の4 |
| 譲渡権 | 95条の2 | 97条の2 | ― | ― |
| 貸与権等 | 95条の3 | 97条の3 | ― | ― |
| 複製権 | ― | 96条 | 98条 | 100条の2 |
| 再放送権・有線放送権 | ― | ― | 99条 | ― |
| テレビ放送の伝達権 | ― | ― | 100条 | ― |
| 放送権・再有線放送権 | ― | ― | ― | 100条の3 |
| 有線テレビ放送の伝達権 | ― | ― | ― | 100条の5 |

## 6　保護期間

### (1)「実演家人格権」の保護期間

　実演家人格権は、一身専属の権利とされているため（著101条の2）、実演家が生存している期間に保護される。しかし、実演家の死後においても、原則として実演家人格権の侵害となるべき行為をしてはならない（著101条の3）。

### (2)「財産権（許諾権、報酬請求権）」の保護期間（著101条）

|  | 保護の始まり | 保護の終わり |
|---|---|---|
| 実演 | その実演を行った時 | 実演後70年 |
| レコード | その音を最初に固定（録音）した時 | 発行（発売）後70年（発行されなかったときは固定後70年） |
| 放送 | その放送を行った時 | 放送後50年 |
| 有線放送 | その有線放送を行った時 | 有線放送後50年 |

(著作権テキスト p41)

※ 保護期間の計算方法は、著作権の場合と同じである。

---

**事例解答**

実演家は、著89条1項に規定する権利を享有するが、ここには著18条に規定されているような公表権の規定はない。したがって、ギタリストがスタジオ録音を行った演奏が未公表であっても、そのギタリストは当該演奏について公表権を有することはない。

# memo

# 索 引

## あ

アイディアと表現の区別⋯⋯⋯⋯ 211
iMac事件 ⋯⋯⋯⋯⋯⋯⋯⋯⋯⋯ 132
アクセスコントロール⋯⋯⋯⋯⋯ 245
意見書・補正書の提出⋯⋯⋯⋯⋯ 92
意匠⋯⋯⋯⋯⋯⋯⋯⋯⋯⋯ 6, 104
ウェブサイト⋯⋯⋯⋯⋯⋯⋯⋯⋯ 244
写しの送付⋯⋯⋯⋯⋯⋯⋯⋯⋯⋯ 92
映画の著作物⋯⋯⋯⋯⋯⋯⋯⋯⋯ 214
営業⋯⋯⋯⋯⋯⋯⋯⋯⋯⋯⋯⋯⋯ 130
営業上の利益⋯⋯⋯⋯⋯⋯⋯⋯⋯ 188
営業誹謗行為⋯⋯⋯⋯⋯⋯⋯⋯⋯ 173
営業秘密⋯⋯⋯⋯⋯⋯⋯ 141, 177
営業秘密不正開示行為⋯⋯⋯⋯⋯ 145
営業秘密不正取得行為⋯⋯⋯ 145, 146
営業秘密保有者⋯⋯⋯⋯⋯ 145, 147
演奏権⋯⋯⋯⋯⋯⋯⋯⋯⋯⋯⋯⋯ 236
公の伝達権⋯⋯⋯⋯⋯⋯⋯⋯⋯⋯ 239
音楽の著作物⋯⋯⋯⋯⋯⋯⋯⋯⋯ 213

## か

外国公務員等⋯⋯⋯⋯⋯⋯⋯⋯⋯ 187
外国の国旗⋯⋯⋯⋯⋯⋯⋯⋯⋯⋯ 184
改良特許⋯⋯⋯⋯⋯⋯⋯⋯⋯⋯⋯ 8
学校教育の目的⋯⋯⋯⋯⋯⋯⋯⋯ 250
仮保護⋯⋯⋯⋯⋯⋯⋯⋯⋯⋯⋯⋯ 42
関係官庁⋯⋯⋯⋯⋯⋯⋯⋯⋯⋯⋯ 87
願書⋯⋯⋯⋯⋯⋯⋯⋯⋯⋯⋯⋯⋯ 67

慣用表示⋯⋯⋯⋯⋯⋯⋯⋯⋯⋯⋯ 195
管理規定⋯⋯⋯⋯⋯⋯⋯⋯⋯⋯⋯ 3
技術的制限手段⋯⋯⋯⋯⋯⋯⋯⋯ 164
基礎出願⋯⋯⋯⋯⋯⋯⋯⋯⋯⋯⋯ 90
基礎登録⋯⋯⋯⋯⋯⋯⋯⋯⋯⋯⋯ 90
狭義の混同⋯⋯⋯⋯⋯⋯⋯⋯⋯⋯ 131
強制実施権⋯⋯⋯⋯⋯⋯⋯⋯⋯⋯ 37
共同著作物⋯⋯⋯⋯⋯⋯⋯⋯⋯⋯ 218
虚偽の事実⋯⋯⋯⋯⋯⋯⋯⋯⋯⋯ 173
居住者⋯⋯⋯⋯⋯⋯⋯⋯⋯⋯⋯⋯ 69
拒絶の通報⋯⋯⋯⋯⋯⋯⋯⋯⋯⋯ 92
拒絶の撤回⋯⋯⋯⋯⋯⋯⋯⋯⋯⋯ 93
グッドウィル⋯⋯⋯⋯⋯⋯⋯⋯⋯ 133
国の紋章⋯⋯⋯⋯⋯⋯⋯⋯⋯⋯⋯ 184
刑事罰⋯⋯⋯⋯⋯⋯⋯⋯⋯ 203, 246
結合著作物⋯⋯⋯⋯⋯⋯⋯⋯⋯⋯ 218
言語⋯⋯⋯⋯⋯⋯⋯⋯⋯⋯⋯⋯⋯ 77
言語の著作物⋯⋯⋯⋯⋯⋯⋯⋯⋯ 213
原作品⋯⋯⋯⋯⋯⋯⋯⋯⋯⋯⋯⋯ 239
原産地表示⋯⋯⋯⋯⋯⋯⋯⋯⋯⋯ 6
原産地名称⋯⋯⋯⋯⋯⋯⋯⋯⋯ 6, 7
建築の著作物⋯⋯⋯⋯⋯⋯⋯⋯⋯ 214
限定提供データ⋯⋯⋯⋯⋯⋯⋯⋯ 151
限定提供データ不正開示行為
⋯⋯⋯⋯⋯⋯⋯⋯⋯⋯⋯ 155, 158
限定提供データ不正取得行為
⋯⋯⋯⋯⋯⋯⋯⋯⋯⋯⋯ 155, 156
限定提供データ保有者⋯⋯⋯ 155, 157

| | |
|---|---|
| 広義の混同…………………132 | 混同…………………………131 |
| 工業所有権独立の原則…………… 4 | 混同惹起行為…………………129 |
| 広告…………………………174 | 混同防止表示付加請求…………199 |
| 公衆送信権…………………237 | コンフュージョン……………133 |
| 口述権………………………239 | |
| 更新………………………… 34 | |

## さ

| | |
|---|---|
| 公表権………………………227 | サービス・マーク……………… 6 |
| 公報発行…………………… 91 | 最恵国待遇…………………105 |
| 顧客吸引力…………………133 | 財産権………… 278, 283, 286, 288 |
| 国際機関……………………185 | 最低基準……………………101 |
| 国際公開…………… 65, 76 | 差止請求……………………246 |
| 国際事務局…… 70, 76, 88, 115, 116 | 差止請求権…………………177 |
| 国際出願………… 63, 88, 90, 115 | サブライセンス…………… 38 |
| 国際出願の送付……………… 90 | 産業財産権法………………124 |
| 国際出願日…………………… 70 | 3年間………………… 178, 196 |
| 国際出願日の認定…………… 63 | 時期的制限…………………139 |
| 国際調査……………………… 73 | 自己指定…………………… 73 |
| 国際調査見解書……………… 75 | 事後指定…………………… 93 |
| 国際調査報告………………… 72 | 実演…………………………276 |
| 国際調査報告等の作成……… 64 | 実演家………………………276 |
| 国際的な商取引……………187 | 実演家の権利………………275 |
| 国際登録……………………… 90 | 実体規定…………………… 3 |
| 国際登録の日……………… 91, 116 | 実名…………………………264 |
| 国際登録簿に記録…………… 93 | 実用新案…………………… 6 |
| 国際博覧会…………………… 42 | 指定官庁への送達…………… 65 |
| 国際予備審査…………… 65, 79 | 指定締約国………………… 87 |
| 国際予備審査機関…………… 80 | 指定締約国での保護………… 88 |
| 告知…………………………174 | 指定締約国への通報………… 88 |
| 国内移行手続………………… 65 | 私的使用……………………249 |
| 国内官庁……………………… 70 | 私的録音録画補償金………250 |
| 国民………………………… 69 | 氏名表示権…………………229 |
| 誤認惹起行為………………174 | 写真の著作物………………215 |

(ii)

| | | | |
|---|---|---|---|
| 重過失 | 144 | 選択官庁 | 81 |
| 集合著作物 | 218 | セントラルアタック | 94 |
| 出願国を明示した申立て | 20 | 相互主義 | 10 |
| 出願人 | 69 | 創作性 | 212 |
| 出願の分割 | 18 | 創作年月日 | 264 |
| 出願番号の明示 | 20 | 損害賠償請求 | 246 |
| 出願日 | 20 | 損害賠償請求権 | 177 |
| 出版権 | 242 | 存続期間 | 26 |
| 出版条例 | 207 | | |

| | | | |
|---|---|---|---|
| 需要者の間に広く認識 | 130 | **た** | |
| 受理官庁 | 69 | 第一次取得者 | 146, 147 |
| 準同盟国民 | 10 | 第一発行年月日 | 264 |
| 使用 | 131 | 第二次取得者 | 157, 158 |
| 上映権 | 237 | 貸与権 | 240 |
| 上演権 | 236 | ダイリュージョン | 133 |
| 商号 | 6 | 他人 | 130 |
| 譲渡権 | 240 | WIPO著作権条約 | 209 |
| 商標 | 6, 103, 107, 129 | たまごっち事件 | 139 |
| 商標独立の原則 | 30 | 単一性 | 74 |
| 商品 | 130 | 著作権 | 102 |
| 商品等表示 | 129 | 著作者 | 208, 221 |
| 商品の形態 | 137, 138 | 著作者の推定 | 221 |
| 商品の原産地 | 172 | 著作物 | 208 |
| シリアルコード | 245 | 著作隣接権 | 275 |
| 人格権 | 277, 283, 286, 288 | 著名 | 133 |
| 信用回復措置請求権 | 177 | 著名表示冒用行為 | 132 |
| 信用毀損行為 | 172 | 地理的表示 | 103 |
| 図形の著作物 | 214 | 追加特許 | 8 |
| 図面 | 68 | データベースの著作物 | 217 |
| 請求の範囲 | 68 | 適用除外 | 139 |
| 先行技術調査 | 73 | デジタル方式 | 249 |
| 先使用 | 195 | テルケル | 31 |

| | |
|---|---|
| 展示権 | 239 |
| 天理教事件 | 130 |
| 同一性保持権 | 230 |
| 同一若しくは類似 | 131 |
| 同盟 | 5 |
| 特別の取極 | 61, 99 |
| 特許 | 6, 104 |
| 特許独立の原則 | 24 |
| ドメイン名 | 167, 244 |
| 図利加害目的 | 168 |
| 取下げ | 66 |
| TRIPS協定 | 99, 209 |
| 取引に用いる書類 | 171 |

### な

| | |
|---|---|
| 内国民待遇 | 104 |
| 内国民待遇の原則 | 4, 9 |
| 二次的著作物 | 215 |

### は

| | |
|---|---|
| 発生要件 | 13 |
| 発明者証 | 8, 23 |
| パリ条約プラスアプローチ | 101 |
| 万国著作権条約 | 209 |
| 頒布権 | 240 |
| PCT | 61 |
| 比較広告 | 174 |
| 非公知性 | 142 |
| 美術の著作物 | 214 |
| 秘密管理性 | 142 |
| 標章 | 129 |
| 複数優先 | 16 |

| | |
|---|---|
| 複製権 | 235 |
| 不実施 | 35 |
| 不正競争 | 7, 46 |
| 不正競争防止法の目的 | 123 |
| 不正の利益 | 188 |
| 普通名称 | 195 |
| 不当利得返還請求 | 246 |
| 部分優先 | 16 |
| 舞踊又は無言劇の著作物 | 213 |
| フリーライド | 133 |
| プログラムの著作物 | 215 |
| 文化の発展 | 207 |
| ベルヌ条約 | 208 |
| 編曲 | 216 |
| 変形 | 216 |
| 編集著作物 | 216 |
| 方式審査 | 91 |
| 法人 | 223 |
| 法人著作 | 221, 222 |
| 放送事業者 | 285 |
| 放送事業者の権利 | 285 |
| 保護期間 | 270 |
| 翻案 | 216 |
| 本国 | 30, 33 |
| 本国官庁 | 87 |
| 翻訳 | 216 |

### ま

| | |
|---|---|
| マドリッド協定議定書 | 87 |
| ミニマムスタンダード | 101 |
| 無方式主義 | 263 |
| 明細書 | 68 |

(ⅳ)

名誉回復等の措置の請求…………246
模倣……………………………137

## や

優先権………………… 4, 12, 72
優先権証明書……………………… 20
優先権の否認……………………… 17
有線放送………………………287
有線放送事業者………………288
有線放送事業者の権利……………287
有用性……………………………142
輸出……………………………131
輸入……………………………… 36
輸入特許………………………… 8

要約……………………………… 69

## ら

リーチアプリ……………………244
リーチサイト……………………244
領域指定の通報………………… 91
流布……………………………174
レコード………………………282
レコード製作者の権利…………282
ローマ条約……………………208

## わ

ワンチャンス主義………………278

# memo

弁理士試験　エレメンツ3
条約／不正競争防止法／著作権法〈第10版〉

2008年7月10日　初　版　第1刷発行
2022年6月10日　第10版　第1刷発行

| | | |
|---|---|---|
| 編　著　者 | Ｔ　Ａ　Ｃ　弁　理　士　講　座 | |
| 発　行　者 | 猪　　　野　　　　　樹 | |
| 発　行　所 | 株式会社　早稲田経営出版 | |

〒101-0061
東京都千代田区神田三崎町3-1-5
神田三崎町ビル
電　話　03(5276)9492(営業)
ＦＡＸ　03(5276)9027

| | | |
|---|---|---|
| 印　　　刷 | 日　新　印　刷　株　式　会　社 | |
| 製　　　本 | 株式会社　常　川　製　本 | |

© TAC 2022　　　　　Printed in Japan　　　　　ISBN 978-4-8471-4908-5
N.D.C. 507

本書は,「著作権法」によって,著作権等の権利が保護されている著作物です。本書の全部または一部につき,無断で転載,複写されると,著作権等の権利侵害となります。上記のような使い方をされる場合,および本書を使用して講義・セミナー等を実施する場合には,小社宛許諾を求めてください。

乱丁・落丁による交換,および正誤のお問合せ対応は,該当書籍の改訂版刊行月末日までといたします。なお,交換につきましては,書籍の在庫状況等により,お受けできない場合もございます。また,各種本試験の実施の延期,中止を理由とした本書の返品はお受けいたしません。返金もいたしかねますので,あらかじめご了承くださいますようお願い申し上げます。

# 書籍の正誤に関するご確認とお問合せについて

書籍の記載内容に誤りではないかと思われる箇所がございましたら、以下の手順にてご確認とお問合せをしてくださいますよう、お願い申し上げます。

なお、正誤のお問合せ以外の**書籍内容に関する解説および受験指導などは、一切行っておりません。**
そのようなお問合せにつきましては、お答えいたしかねますので、あらかじめご了承ください。

## 1 「Cyber Book Store」にて正誤表を確認する

早稲田経営出版刊行書籍の販売代行を行っている
TAC出版書籍販売サイト「Cyber Book Store」の
トップページ内「正誤表」コーナーにて、正誤表をご確認ください。

**URL：https://bookstore.tac-school.co.jp/**

## 2 1の正誤表がない、あるいは正誤表に該当箇所の記載がない
⇒ 下記①、②のどちらかの方法で文書にて問合せをする

★ご注意ください★

**お電話でのお問合せは、お受けいたしません。**
①、②のどちらの方法でも、お問合せの際には、「お名前」とともに、
「対象の書籍名（○級・第○回対策も含む）およびその版数（第○版・○○年度版など）」
「お問合せ該当箇所の頁数と行数」
「誤りと思われる記載」
「正しいとお考えになる記載とその根拠」
を明記してください。
なお、回答までに1週間前後を要する場合もございます。あらかじめご了承ください。

① ウェブページ「Cyber Book Store」内の「お問合せフォーム」より問合せをする

【お問合せフォームアドレス】

**https://bookstore.tac-school.co.jp/inquiry/**

② メールにより問合せをする

【メール宛先　早稲田経営出版】

**sbook@wasedakeiei.co.jp**

※土日祝日はお問合せ対応をおこなっておりません。
※正誤のお問合せ対応は、該当書籍の改訂版刊行月末日までといたします。

乱丁・落丁による交換は、該当書籍の改訂版刊行月末日までといたします。なお、書籍の在庫状況等により、お受けできない場合もございます。
また、各種本試験の実施の延期、中止を理由とした本書の返品はお受けいたしません。返金もいたしかねますので、あらかじめご了承くださいますようお願い申し上げます。

早稲田経営出版における個人情報の取り扱いについて
■お預かりした個人情報は、共同利用させていただいているTAC(株)で管理し、お問合せへの対応、当社の記録保管および当社商品・サービスの向上にのみ利用いたします。お客様の同意なしに業務委託先以外の第三者に開示、提供することはございません（法令等により開示を求められた場合を除く）。その他、共同利用に関する事項等については当社ホームページ(http://www.waseda-mp.com)をご覧ください。

(2022年4月現在)